MW01482923

Scrittori italiani

Raffaele La Capria

L'OCCHIO DI NAPOLI

Arnoldo Mondadori Editore

Dello stesso autore

Nella collezione Varia di letteratura
L'armonia perduta

Nella collezione Scrittori italiani
Capri e non più Capri

Nella collezione Oscar
Ferito a morte
Un giorno d'impazienza
Fiori giapponesi
L'armonia perduta
La neve del Vesuvio
Capri e non più Capri

ISBN 88-04-37910-3

© *1994 Arnoldo Mondadori Editore S.p.A., Milano*
I edizione maggio 1994

L'occhio di Napoli

Napoli, un'immagine mentale

Per me Napoli, l'immagine mentale che ne ho, non è soltanto quella della città, ma è sempre inseparabile dalla sua cornice naturale. Non c'è città al mondo, tranne forse Rio de Janeiro, che contenga più natura di Napoli. E perciò le sue strade nere di folla e l'aggrovigliato gomitolo dei vicoli del suo centro storico sono stati sempre collegati nella mia immagine alla Napoli-marina, alla Sirena Partenope che si distende nel Golfo ai piedi del Vesuvio, tra le isole e le penisole azzurre. Sotto le amene apparenze Napoli è stata sempre, per me, Natura primordiale e indomabile in contrasto con una plurisecolare Storia irredimibile; e questo contrasto è assurto in me a valore di simbolo, è una chiave interpretativa per capire meglio la città, e il mio rapporto con essa.

Sono nato e sono vissuto nella mia giovinezza a Posillipo. Già nel nome *Pausi-lypòn* (che in greco vuol dire: "una pausa al dolore") si sente una nota virgiliana. Ed è appunto *virgiliana*, anche del Virgilio-mago della tradizione popolare, tutta la parte del Golfo, da Posillipo a Capo Miseno, col lago di Averno, la Solfatara, l'antro della Sibilla Cumana, e le isole di Procida, Vivara e Ischia. Questo lato virgiliano del Golfo si riconosce soprattutto per il giallo colore del tufo. Di tufo sono tutte le rive e gli scogli e le rocce sommerse, di tufo è il seicentesco Palazzo Donn'Anna, dove abitavo, emergente dall'acqua come un palazzo veneziano sul Canal Grande, di tufo è la Casa degli Spiriti a Marechiaro, di tufo è l'insenatura di Trentaremi, l'isolotto della Gaiòla dove sorgeva una villa romana, di tufo l'isola di Nìsida e le altre che ho nominato (Procida, Vivara, Ischia). Lavorato, smussato, rosicchiato, plasmato dall'azione del mare e dei venti, il tufo dà colore di miele alla mite riva ridente soffusa di una quasi agreste malinconia perché sempre presente si avverte la campagna che arriva fino a lambire le onde, confondendo il suo verde col verde delle alghe: e come è virgiliano tutto questo! Quante volte, da lontano, ripensando a quelle rive ho sentito risuonare in me il verso bellissimo di Nerval, come un'invocazione: *"Rends-moi le Pausilippe et la mer d'Italie!"*, soprattutto oggi che *"le Pausilippe et la mer d'Italie"* sono stati devastati dalla speculazione e dall'invadenza del turismo di massa.

C'è poi un'altra parte del Golfo di Napoli che si può ben definire *omerica*, include Capri rupestre e le sue rocce inaccessibili, l'estrema punta della penisola di Sorrento dove una volta sorgeva solitario il tempio dedicato a Minerva, e tutta la scoscesa costiera amalfitana che protegge il Golfo dall'esterno come il possente bastione di una fortezza. Le descrizioni dell'Odissea si adattano bene a questa prometeica frastagliata costa, alle isole Sirenuse fluttuanti al largo di Positano nella foschia luminosa del mattino, al Salto di Tiberio con le rovine della Villa che, come un nido d'aquila, dall'alto domina lo stretto, ai Faraglioni, simili a macigni scagliati in mare dall'ira d'un ciclope o dalla forza di un nume primigenio. La parte omerica del Golfo si riconosce per la totale e repentina diversità geologica e orografica che balza subito all'occhio. La roccia di colpo s'aggruma compatta, ferrigna, e la dolomite strapiomba sul mare che romba nelle caverne. Si sente in quel paesaggio come uno scatenamento tellurico e la minaccia perenne, l'immane violenza dei vulcani. Il colore dell'acqua è blu ceramica o turchese, e diventa indaco o di metallo in certe ore, assumendo le tinte e i riflessi delle rocce, dal giallo cromo al viola ruggine. Bianche sono le spiagge di sassi arrotondati e levigati come uova, e tutto ha un'aria corrusca, scintillante, "eroica", nella luce insostenibile del mezzogiorno.

Ecco, così il divino Omero e l'umanissimo Virgilio, il principio del mito e la sua fine struggente, l'epico meriggio assolato e il romantico giorno languente, si dividono questo paesaggio mediterraneo e ne aumentano la suggestione poetica. E anche se il degrado rende tutto meno evidente sotto le sue incrostazioni, e tutto meno riconoscibile (come accade per la forma di un'anfora ripescata dopo secoli dal fondo marino) la mia immagine mentale di Napoli nasce da questa poetica ambivalenza del suo Golfo, che ancor oggi, malgrado tutto, resiste.

Ulisse, "quell'uom di multiforme ingegno" per Omero, ed "eroe di sopportazione" per Savinio, Ulisse astuto soprattutto, e – senza dubbio alcuno – molto navigato, è il più perfetto esemplare dell'uomo mediterraneo. Siamo discendenti suoi anche noi, e non dell'Ulisse dantesco che intraprende "il folle volo" oltre le colonne d'Ercole "per seguir virtute e conoscenza". Virtute e conoscenza sono un po' in ribasso tra noi. Noi mediterranei discendenti di Ulisse siamo in realtà, come lui, navigatori di piccolo cabotaggio: dieci anni per arrivare ad Itaca! Va bene l'avversione degli dei, ma sono troppi! Gli avventurieri degli oceani e gli esploratori dei nuovi mondi hanno impiegato molto meno tempo, e ammesso che Colombo e qualcun altro siano stati dei nostri, furono certamente educati altrove. I mediterranei che hanno dimestichezza col mare a dir la verità non sono molto numerosi, abitano una frangia sottilissima lungo le coste, sono pescatori che traggono dal mare il sostento e che però in genere *non* sanno nuotare, o sono mestatori, traghettatori e commercianti come già furono i Fenici. Sono pochi insomma i veri marinai tra i discendenti di Ulisse. Hanno avuto forse più peso nella storia del Mediterraneo le popolazioni dell'interno, quelle popolazioni di pastori e contadini immediatamente dietro la linea azzurra della costa, e più indietro ancora, tra i lontani inaccessibili monti, gente che non aveva mai visto il mare. Sono questi che gravano sul Mediterraneo e lo cingono d'assedio, ne influenzano la civiltà e i costumi, ne condizionano il ritardo. E così i duri e chiusi abitatori del retroterra stanno sempre come un'ombra dietro le spalle dei disinvolti e ciarlieri abitatori delle città di mare. Basti pensare alle popolazioni dell'Appennino, dei Balcani, della Turchia, del Peloponneso e di tutto il Nord Africa Mediterraneo, dell'Atlante, del Marocco. Basti pensare alla Sardegna pastorale, che solo oggi si è accorta di essere circondata dal mare più bello del mondo (e anche il più redditizio); quel mare che prima era guardato con sospetto perché da lì arrivava solo l'invasore e il predatore saraceno. (E fu per questo che i padri-padroni di una volta lasciavano ai maschi le terre dell'interno, ritenute le migliori, e alle figlie femmine quelle insicure lungo la costa... Così oggi, per una strana nèmesi femminista, le femmine si sono trovate miliardarie, sconvolgendo una tradizione secolare.)

Nell'*Odissea* troviamo emblematicamente rappresentati questi due archetipi dell'uomo mediterraneo: uno è il simpatico e scaltro seduttore di Circe, Calipso, Nausicaa e nello stesso tempo fedele marito di Penelope, Ulisse

perseguitato dagli dei, sballottato dalla sfortuna, soprav-
vissuto a tutte le tempeste della vita; l'altro è l'irsuto e sel-
vatico Polifemo dall'unico occhio, pastore di capre, an-
tropofago e sequestratore di persone. La nostra "storia
lenta" è anche questa e si ripresenta brutalmente quando
meno ce l'aspettiamo. Oggi nel Sud (ma anche nei Balcani) i mostri del retroterra, questi nuovi Calibani, si sono
risvegliati, sono usciti dai loro covi e dalle loro aspre caverne montane e rapiscono, sequestrano, stuprano, ucci-
dono, chiedono taglie e riscatti. Riuscirà Ulisse ancora
una volta a vincere con la superiorità della lingua e
dell'intelletto? Riuscirà ancora la ragione a prevalere su
questa ferina antropologia mediterranea?

Per capire la decadenza di Napoli e il suo degrado bisogna collocarla nella decadenza e nel degrado di tutto il
Mediterraneo. E questo perché da secoli, e oggi con più
evidenza, il Mediterraneo ha voltato le spalle alla modernità. Tutte le città e i paesi che s'affacciano su questo mare non hanno mai voluto accettare la sfida della modernità, tutti per varie ragioni l'hanno rifiutata. Atene
Costantinopoli Alessandria Palermo Venezia e ora anche
Genova, con l'eccezione forse di Barcellona, tutte soffrono di mal mediterraneo. Tutte sembrano fuori del tempo,
immobili, sconsolate. Città della decadenza, città della
consunzione, tutte lentamente imputridiscono nella loro
disfatta bellezza, tutte languono sotto il peso di un grande passato e in esso si esauriscono. Finito il mito, fuggiti
gli dei, "mediterraneo", che prima voleva dire solare, greco, classico, e alludeva a una tonalità dell'azzurro, a pre-
ziose trasparenze, oggi che questo mare è anche fisiologi-
camente morente, è diventato un aggettivo denigratorio,
pronunciato da molti con moralistico disprezzo.

11

Passando per Napoli intorno agli anni Venti Walter Benjamin la definì una "città porosa"[1]. Era questo il carattere della città che a prima vista più lo aveva colpito, la "porosità". Forse perché la città è costruita sul tufo, e sotto è piena di grotte e caverne.

Qualche anno dopo il suo amico Ernst Bloch[2] riprese quella definizione riferendola a tutta l'Italia e allargandone il senso. "Porosità" era una sconcertante e tuttavia affascinante compenetrazione di forme artistiche e forme di vita, "l'intreccio, la concatenazione di tutte le espressioni vitali con quelle artistiche".

Bloch dice che "tutto questo, venendo dal Nord, non si voleva vederlo. Si cercava una via assolutamente chiara, definita in ogni suo punto, diversa dal nostro mondo 'crepuscolare'".

Insomma, Bloch cercava quello che tutti i nordici volevano vedere nel Mediterraneo, cioè la forma classica, quella che limita i contorni con precisione, quella che rileva la linea della colonna o di un tempio nell'azzurro inalterabile del cielo. E invece trova la "porosità", la cui radice è il bizzarro, l'arabesco, e che a differenza della classicità "non esclude alcun elemento del caos". Trova in Italia, venendo dal Nord, non il Rinascimento, ma "il dirottamento del Medioevo arabo-bizantino verso il Barocco". Non la rinascita del mondo antico, ma appunto questa imprevista "porosità" mediterranea per cui ogni abitato con le sue case, vicoli, chiese, mercati, diventa una specie di barriera corallina, formicolante di infinite forme di vita, con milioni di polipetti indaffarati che lavorano continuamente a edificarla e dove la Natura si confonde con la vita, inestricabilmente. E così Bloch arriva a dire che "la chiara facciata borghese e la ragione misurata sono proprie del Nord", e che la borghesia e la sua cultura sono l'esatto contrario della "porosità"; che sono proprie del Rinascimento nordeuropeo l'ordinata bellezza e la forma ad essa inerente. E se pensiamo a un quadro d'interno fiammingo con scene di vita famigliare non c'è dubbio che "*luxe calme et volupté*" sembrano essere di stanza lì.

Ma d'altra parte mi domando com'è possibile che venendo in Italia Bloch non abbia visto nella casta linearità del paesaggio toscano o di un'architettura fiorentina del Quattrocento o nella luce tranquilla di un quadro di Piero della Francesca quella compostezza e quel nitore della forma che lui cercava. Se penso a Napoli, invece, capisco che per un occhio non esercitato non sia tanto facile cogliere quella contrapposizione tra Barocco e Illuminismo, tra bizantinismo e razionalità, che a me sembra il carattere significativo della città, e che si intravede sempre dietro la sua "porosità". È lì, in quella contrapposizione, che si verifica, proprio a Napoli, l'incontro tra la cultura europea e il Mediterraneo.

Quale che sia il significato da attribuire alla "porosità", si riferisca essa al sottosuolo o sia essa soltanto una metafora della vita mediterranea, resta il fatto che a Napoli c'è, comunque, un mondo della superficie abitato dagli umani e un mondo sotterraneo abitato dalle anime, dagli spiriti e dalle voci. E questo sottomondo si estende dal centro della città, pieno di catacombe e cimiteri sotterranei, fino alle grotte scavate nel tufo sulla costa di Posillipo, e fino all'antro della Sibilla Cumana, oltre Pozzuoli e Baia.

E dunque non era naturale che da qui, da questa città di terra in ebollizione, di acqua e di fuoco, flegrea, il pio Enea trovasse attraverso il lago di Averno la via che conduce al mondo dei morti, a quel luogo di ombre insostanziali che gli antichi chiamavano l'Ade e che a Napoli ha un suo culto ed è chiamato Purgatorio? Infatti in nessun luogo del Sud d'Italia si sente così spesso, come a Napoli, l'invocazione: "Fate bene alle anime del Purgatorio!", e così spesso si vedono nelle stradine e nei vicoli tabernacoli illuminati da lampade votive, dedicati appunto alle anime del Purgatorio. Quasi tutti i napoletani del popolino sentono di rassomigliare a quelle anime, pensano che la vita e Napoli stessa siano il loro Purgatorio, un luogo di transizione in attesa di una condizione migliore.

Sorge all'inizio di Posillipo, sul mare, un antico edificio che da lontano sembra una rupe tufacea emergente dall'acqua, piena di buchi e anfratti, e poi man mano che ci si avvicina assume l'aspetto grandioso e imponente di una dimora seicentesca. È il famoso palazzo che nel 1642 il Viceré spagnolo Don Ramiro Guzman, duca di Medina, fece costruire per la moglie Anna Carafa, napoletana, e che perciò è chiamato ancora Palazzo Donn'Anna. L'architetto Cosimo Fanzago non poté finire la sua opera, perché il Viceré dovette lasciare Napoli, richiamato in Spagna, e dunque il palazzo rimase incompiuto. Ma anche così, nello stato in cui dopo tre secoli e mezzo si trova, conserva intatto il suo fascino e la sua imponenza. La sua posizione sul mare, la sua stessa incompiutezza e l'abbandono in cui è rimasto per tanti anni, o la pietra di tufo con cui è fabbricato, rosa dalla salsedine e lambita alla base dalle onde, gli conferiscono quell'aspetto di romantica rovina che muove la fantasia di chi lo guarda, anche perché molte leggende sono nate intorno alle sue vecchie mura.

La casa dove ho abitato a Napoli per tutta la mia infanzia e giovinezza si trovava lì, in quel palazzo, e aveva le finestre aperte sul mare, pochi metri sotto. Ma perché parlo adesso di quel palazzo che ho descritto già tante volte? Perché Palazzo Donn'Anna ha per me tutte le caratteristiche di quella "porosità" di cui parlavano Benjamin e Bloch, ed esaminato nella sua struttura rappresenta molto bene, su scala ridotta, quella di tutta la città.

La "porosità" gli viene dal materiale con cui è costrui-

to, il tufo, che, corroso com'è dal tempo, sembra il sughe-
ro con cui a Napoli si fanno i Presepi a Natale. E gli viene
da quel suo aspetto di cosa naturale, come uno scoglio o
una roccia, o meglio come una grossa spugna intrisa di
luce appena emersa dal fondo. La "porosità" gli viene anche dalla sua parte più vicina al livello del mare, col labirinto di corridoi e cunicoli sotterranei e le acque che si in-
golfano nelle fondamenta e rimbombano nelle grotte: e
così anche questo edificio rimanda sempre all'idea che vi
sia un edificio sotterraneo corrispondente a quello costruito in superficie, un'idea che a Napoli viene spesso. E
non dico la "porosità" dell'immaginazione cui davano
luogo le leggende popolari legate a questo palazzo, con le
sue mura ancora abitate dai fantasmi dei marinai uccisi
da una Regina Giovanna che aveva qui la sua reggia! Dovevo fare appello a tutta la forza della mia ragione per
vincere la paura dell'ignoto quando la sera, da ragazzo,
attraversavo i bui corridoi per rientrare a casa. E anche
così facevo esperienza di quel contrasto tra il mondo delle ombre e quello della luce che fa parte dell'anima di
questa città, della sua anima mediterranea. Nei piani superiori del Palazzo Donn'Anna abita la gente nobile, i
principi Colonna, i marchesi di Bugnano; nei piani inter-
medi la borghesia; nei piani inferiori il popolo: il barcaio-
lo, il carpentiere, il pescatore. È questa la "porosità" sociale derivante dalla promiscuità di vicinato caratteristica
di Napoli, di cui hanno parlato storici e sociologi, che,
pur non cancellando le differenze di ceto e di classe, crea
tra i napoletani una omogeneità molto forte, anzi una vera e propria forma di civiltà. Ecco, per queste ragioni e
per queste analogie ho parlato di Palazzo Donn'Anna; e
anche perché in esso è ancora racchiusa la mia "memoria
immaginativa", e quella particolare commistione tra geografia naturale e geografia costruita, tra vita e forma artistica, che per me non è soltanto un'idea o un concetto appreso intellettualmente, ma è parte della mia esperienza

15

personale, ed è legata indissolubilmente alle pietre corrose di questo palazzo che sorge sul mare di Posillipo.

Fin qui la mia immagine di Napoli città mediterranea; una immagine *mentale*, perché quella realistica fornita di solito dal cinema, dalla televisione, dai giornali e anche dalla letteratura contiene sempre qualcosa di ovvio e di eccessivo, che invece di aiutare a capire la complessità stratificata di questa città ne dà una semplificazione buona solo a rafforzare i pregiudizi già esistenti. A questo punto, però, può essere forse utile spiegare brevemente cosa è accaduto, dopo la guerra, che ha mutato il volto di Napoli.

Quando nel 1944 arrivarono gli americani, la città, che aveva resistito a tanti bombardamenti, ricevette uno scossone più forte di quello delle bombe dal contatto con le truppe di occupazione, dai traffici illeciti, dalla corruzione, dal mercato nero e dal contrabbando. Lentamente e per tutto il periodo successivo, mentre scompariva l'umile Italia che Carlo Levi aveva raccontato in *Cristo si è fermato a Eboli* e che tanti viaggiatori stranieri avevano descritto, la crisi della civiltà contadina, l'emigrazione, la fuga verso la città e lo spopolamento della campagna, e infine quel miglioramento delle condizioni economiche che però ebbe effetti devastanti sul tessuto civile dei paesi del Sud, produssero un terribile rimescolio di cui fatalmente anche Napoli subì le conseguenze.

Fu allora, all'inizio degli anni Cinquanta, che cominciò la speculazione edilizia e segnò per gli anni a venire il destino della città. Tutto quello che si poteva costruire all'interno del perimetro cittadino fu costruito, senza nessun limite e nessun progetto, senza nessun Piano Regolatore. La città scoppiò, i palazzi si ammassarono uno sull'altro; e quando dopo venti anni, negli anni Settanta, non fu più possibile costruire neppure un solo vano all'interno della città, la marea delle case debordò all'esterno, nel territorio circostante e lo coprì tutto, senza soluzione di continuità. Così l'immagine della città oggi non è più la stessa, è stata sfigurata la Napoli bellissima della cartolina col pino in primo piano ed il Vesuvio in fondo, e una grande e desolata periferia si estende da Pozzuoli, Aversa, Casoria fino agli estremi comuni vesuviani, che stringe tra le sue spire la città e la uccide. Napoli è diventata una megalopoli, una informe megalopoli di tre milioni e mezzo di abitanti, che per la fragilità dei servizi e delle strutture, per la congestione e la confusione, rassomiglia ad una megalopoli sudamericana, ma che a differenza di questa non sorge nel cuore di un vasto continente disabitato, bensì in una delle aree più popolate del mondo, più popolata persino del Giappone. La densità di popolazione dei paesi ai piedi del Vesuvio è infatti 18 volte quella di Hong Kong. È una bella sfida alla sorte, visti i precedenti di Pompei ed Ercolano. Ma i napoletani sono spensierati, sono fatti così, e non pensano quale catastrofe mostruosa sarebbe un'eruzione del Vesuvio, se per caso si risvegliasse come l'Etna. Non pensano a come farebbe più di un milione di persone ad evacuare quei paesi servendosi dell'unica strada che c'è, che anche in condizioni normali è sempre intasata dal traffico. Non ci pensano, e anzi se potessero costruirebbero le loro case anche nel cratere del vulcano. Sono fatti così. Ci penserà all'occasione San Gennaro, che già altre volte ha fermato la lava, e che di miracoli ne fa tanti.

Cos'è che rende Napoli diversa dalle altre città italiane e da ogni altra città europea? Nelle altre città ci sono i poveri, i sottoproletari, il popolino. Ma a Napoli – ha scritto Montesquieu – *"le peuple est bien plus peuple qu'un autre"*, a Napoli non c'è il popolo c'è *la plebe*. Nelle altre città, italiane ed europee, c'è il quartiere povero, ma a

Napoli c'è invece la sopravvivenza della *città antica*, come Pompei, o Babilonia, o Alessandria, e un modo di vita simile a quello di una città dell'antichità. Gli abitanti di questa città antica vivono nel cuore e nelle viscere di Napoli, nell'intrico miserabile dei vicoli e delle stradine del centro storico, hanno conservato il loro carattere e il loro dialetto, e sono rimasti sempre uguali a se stessi nei secoli, nonostante tutte le occupazioni che nel corso della sua storia Napoli ha dovuto subire; uguali e irriducibili sotto gli Svevi, i Normanni, gli Angioini, gli Aragonesi, gli Spagnoli, i Francesi, gli Austriaci. La plebe non è per Napoli soltanto un problema ancora irrisolto e forse irrisolvibile, è anche un humus fertilizzante dove affondano le radici della città, la sua memoria, la sua cultura; è una riserva di immaginazione e di fantasia, l'origine del dialetto e delle canzoni. È da questo humus antichissimo che è venuto fuori il carattere dei napoletani, i loro vizi e le loro virtù.

Ogni grande civiltà, e dunque anche quella napoletana, nasce da contrasti e contraddizioni apparentemente inconciliabili e stratificati nei secoli. Napoli molto ha dato alla cultura europea, dai racconti di Giambattista Basile (cui attinsero Perrault, i Grimm, e tanti altri) scritti in un bellissimo dialetto del Seicento, alla filosofia di Giambattista Vico, che si oppose al razionalismo di Cartesio e aprì nuove prospettive allo studio della Storia. Dalle opere di Giannone, di Galiani, di Filangieri, di Genovesi, che contribuirono con i loro studi sulla storia civile, sul commercio del grano, sull'organizzazione dello Stato e la legislazione, sulla circolazione della moneta, eccetera, a diffondere lo spirito dell'Illuminismo, alla musica di Pergolesi, che fu l'inventore dell'Opera Buffa, di Cimarosa, e così via... Il contrasto e a volte la compenetrazione tra questa cultura europea e quella locale, tra lingua e dialetto, ha sempre prodotto a Napoli una grande vivacità intellettuale. Questo contrasto si accompagna a quell'altro, più profondo e ancestrale tra Natura e Storia, Ombra e Luce, Istinto e Ragione, o (come in Vico) tra Cosmos e Logos, che fa parte dell'anima mediterranea.

Proprio per questa sua particolare situazione geografica e culturale Napoli è stata considerata una *città soglia*, una di quelle città che fanno da porta, da ponte e da trait-d'union tra due civiltà, quella nord-europea e quella mediterranea. Pensando all'Europa del futuro è chiaro, come scrive Massimo Cacciari,[3] che un'Europa Franco-Tedesca, un'Europa carolingia, sarebbe un'Europa monca, un'Europa "fredda", già rifiutata una volta dalla Storia perché priva della dimensione mediterranea, di un'apertura verso l'Altro, che è d'importanza essenziale per il futuro assetto del Mondo Occidentale.

Quanto sia necessario, in un simile contesto e in una tale prospettiva, l'apporto di una città come Napoli, è inutile sottolinearlo. Ma questo destino sarà possibile solo se Napoli saprà risolvere il non semplice problema di combinare la "porosità" mediterranea alla "ratio" europea, il suo tipo di società con quella dello stato di diritto, in una nuova armonia.

È impossibile parlare di civiltà e di cultura europea dimenticando la sua origine mediterranea. Uno spirito mediterraneo soffia anche sui versi di Shakespeare e la musica di Mozart, mediterranea è l'*Odissea* e dal Mediterraneo arrivano la *Bibbia* o il *Nuovo Testamento* e passano le *Mille e una notte*, mediterranea è la poesia "scabra ed essenziale" di Montale, la prosa lucente di Camus. Ma "il Mediterraneo supera la letteratura che lo riguarda" ci ricorda Pedrag Matvejevic nel suo *Breviario mediterraneo*[4] e non tutti sanno quali sono i confini, "dove il suo cerchio si conclude".

C'è un Mediterraneo di cui noi siamo il Nord, e c'è un Mediterraneo continentale di cui i paesi rivieraschi sono una frangia; c'è una sua geografia naturale e una sua geografia umana altrettanto varia e complessa, con connotati non facili da rintracciare e quasi impossibili da classificare; c'è un Mediterraneo greco e turco, arabo e africano, latino e balcanico, e c'è una storia dove si incontrano e si fondono il Nord e il Sud, Longobardi, Svevi, Normanni con Greci, Latini e Bizantini, con i napoletani, i siciliani e le altre genti del Meridione. C'è il Mediterraneo dove hanno abitato gli dei dell'Olimpo, forse per "la convinzione o per meglio dire la sensazione che la volta del cielo sia qui più aperta e trasparente che altrove", e il Mediterraneo dell'ulivo e della vite, una terra "dove per dissodare gli aridi declivi e formare i terrazzamenti è stato versato più sudore che per tirar su le piramidi".

Mediterraneo è un luogo della mente, è un sentimento, una categoria dello spirito, un modo di essere, una visione del mondo. E potrei continuare su questo tono...

Mentre Cacciari vede nel Mediterraneo e nella civiltà che rappresenta uno degli elementi essenziali per costruire l'Europa del futuro, Guido Ceronetti, non vede in questo mare, e in quelli che ne abitano le rive, nessun futuro.

"Non c'è nessuno qui che non sia un vinto, umano e storico, un *messo a terra* per sempre. Tutti quanti, andalusi, cretesi, turchi, arabi, occitani, armeni, siciliani, greci, *vixerunt*, anche se di fuori sgambettano, la loro anima giace strangolata nel sottosuolo della Storia, lo spettacolo, la scena, le parole, sono sfoghi di vento, non c'è nulla dietro, popoli finiti... sono i mediterranei, morti come il loro mare, una specie mentalmente estinta, anche se in spermatozoi vivace ancora, ma non riproducono che sfinimento..."

Questo scrive Ceronetti nella convinzione di non essere anche lui un mediterraneo, magari un po' spurio, e di non dover nulla a questa civiltà che invece tante volte appare nelle forme del suo sentire, del suo scrivere e del suo tradurre.

E ci sarebbe da disperarsi, noi mediterranei, se in un altro passo dello stesso libro *Un viaggio in Italia*[5] lo stesso Ceronetti non scrivesse della gente nordica:

"Dopo ci sono gli olandesi, alti, altissimi, impenetrabili alla luce come le loro palle di formaggio, ben nutriti fino all'abbrutimento. E così, pressappoco, priva di ogni luce di sguardo, quasi tutta la gente nordica, vecchia e giovane, salvo gli inglesi, e qualche francese dei dipartimenti meno fradici. Oh Dio che Europa! È fatta per le catene, altro che libertà!"

Ce n'è per tutti, nordici e mediterranei. Il disgusto di Ceronetti è imparziale, equamente distribuito, forse universale. E dopotutto, proprio per questo, rassicurante.

"È impossibile" dice Ruggiero Romano in un'intervista[6] "stabilire una distinzione tra italiani mediterranei ed italiani europei, ignorando che gli studi geopolitici più recenti hanno dimostrato che il Mediterraneo non si limita al semplice bacino di mare, e che Lione, Vienna, Ginevra e Tolosa sono città mediterranee."

Non tutti pensano, come il professor Miglio, che Ulisse fosse "un meridionale che viveva alle spalle degli altri". Nel libro *L'ombra di Ulisse* di Pietro Boitani[7] "Ulisse rappresenta l'archeologia dell'immagine europea dell'uomo, in contrapposizione alla figura ebraica di Giona e a quella orientale di Sindbad". E così: "Ulisse può congiungere dentro ciascuno di noi quelle due rive del tempo fra le quali vive ogni cittadino d'Europa e ogni figlio della sua civiltà in tutti i continenti". Perché: "Se Ulisse attraversa le epoche lo deve al fatto di essere sin dai primordi *un segno*".

Altri due passi mi aiutano a capire meglio perché ho scritto che l'Ulisse dantesco non rassomiglia al mediterraneo di oggi: "L'Ulisse dantesco anticipa Cristoforo Colombo e diviene l'antesignano dell'episteme e della scienza moderne". E poi: "Ulisse è sospeso sul limine che unisce e divide le ere, sulla *linea d'ombra* – come la chiamerà Conrad – che è il nostro orizzonte ontologico e storico".

Insomma l'Ulisse dantesco, attraversando le colonne d'Ercole, uscì dal mondo che conosceva, cioè dal cerchio chiuso della tradizione e della ripetizione, per andare incontro al mondo sconosciuto della modernità e del cambiamento.

"Da questo momento" scrive Beniamino Placido[8] "sarà lui l'Ulisse che interesserà l'immaginario occidentale determinando una rottura culturale decisiva, contribuendo alla formazione del moderno."

Quel moderno, quell'intraprendenza, quello spirito d'avventura, cui i mediterranei di oggi, come dicevo, hanno voltato le spalle.

D.H. Lawrence è lo scrittore che ha meglio colto l'altro archetipo cui accennavo, quello calibanesco-mediterraneo che fa capo a Polifemo. Nei suoi viaggi in Italia[9] incontra diverse persone che corrispondono a quella tipologia, non del tutto scomparsa ancora oggi:

"Non abbandonano mai le loro difese, neppure per un momento, come non abbandonano mai le loro difese il tasso e la puzzola. Nessuna confidenza, nessuna civile ingenuità. Ognuno di loro sa che il diavolo è lì, dietro il prossimo cespuglio."

E poi: "Non hanno affatto quella sicurezza implicita, tipica del nostro tempo, che tutti siano gentili e si comportino civilmente. Non si aspettano che la gente sia gentile con loro, non lo desiderano affatto. Mi ricordano quei cani mezzo selvaggi che non vogliono confidenza. Non si lasciano toccare e non vogliono esser toccati. Quasi si sente il ringhio ferino".

"Tra noi e loro c'è un abisso. Non hanno la minima idea della nostra crocifissione, della nostra coscienza universale. Ognuno di loro è imperniato e concluso in sé, come gli animali selvatici. Guardano intorno e vedono altri individui da irridere da temere da fiutare con curiosità. Ma il concetto 'amerai il prossimo tuo come te stesso' non è mai entrato nel loro spirito neppure lontanamente [...] Il loro prossimo è semplicemente qualcosa di esterno. La loro vita non fluisce verso gli altri, verso l'umanità [...] conservano la loro rozza ignoranza e lasciano che il vasto mondo vada per la sua strada verso il suo illuminato inferno. Il loro inferno è loro, e lo preferiscono non illuminato."

Ecco un altro che usa la parola inferno a proposito del Sud, anche se riferito a un mondo ben circoscritto, e con una specie di timoroso rispetto, di malcelata ammirazione, per chi comunque si teneva fuori da quella "somiglianza universale" che Lawrence non riusciva più a tollerare. Quando ne parla, e sono gli anni Trenta, la sua voce diventa profetica:

"L'era della somiglianza universale dovrebbe volgere alla fine [...] sta per iniziare il tempo della grande lotta per la molteplicità [...] Ci confonderemo tutti in una grigia omogeneità proletaria? O torneremo alle comunità più o meno isolate, distinte, ribelli? Probabilmente avverranno le due cose. Il movimento dell'internazionale dei lavoratori spazzerà definitivamente la tendenza al cosmopolitismo e alla fusione mondiale, e con un crollo improvviso il mondo ripiegherà in esasperati isolazionismi..."

A proposito di quanto scrivevo sul degrado e la decadenza del Mediterraneo che trascina con sé anche Napoli, c'è stato chi mi ha fatto notare che quella decadenza è anche vera, "ma perché puntare su Braudel e non sui Romeo e sui Galasso, cioè su una storiografia che al Mediterraneo e all'Europa si è sempre rifiutata di guardare come a due corpi separati?". E mi ha ricordato – ma forse non ce n'era bisogno – che "in minoranza, e talora in solitudine, è stata sempre l'idea di una Napoli al di fuori del colore locale, inserita nella storia d'Italia e d'Europa, senza frammentarsi nei ghetti della napoletanità e dei napoletanismi di maniera".[10]

Ma io non "puntavo" su Braudel con l'intenzione di separare il Mediterraneo dall'Europa, e a dir la verità nemmeno Braudel l'ha mai avuta. La mia era invece proprio l'esortazione contraria: Vedete, volevo dire, quali sono gli svantaggi di rifiutare l'apertura alla modernità? Se continuiamo a chiuderci in noi stessi e nel nostro dialetto finirà che ci troveremo senza neppure accorgercene fuori dall'Europa.

Come mai la cultura locale riesce quasi sempre a prevalere su quella della Napoli Nobilissima ed Europea? Perché è quasi sempre la cultura locale a dare il suo colore e il suo tono alla città, a far parlare i giornali, a fornire immagini, aneddoti, episodi? Mi si risponde citando Gino Doria che ne *La città della favola* parla di 900.000 napoletani (tanti erano allora) "che somigliano a tutti gli esseri umani del mondo, non cantano, non gesticolano, non imbrogliano il prossimo, gioiscono e soffrono in silenzio, hanno senno e senso morale... sopraffatti da altri 100.000 comunque e dovunque impegnati a tener in vita la fama di un colore locale partenopeo, tanto più fortunato quanto più aggressivo, e i luoghi comuni del napoletano indolente e sognatore, che si legano al golfo, al cielo, al mare".

Secondo me la città immaginata da Doria con quei 900.000 così inappuntabili (che oggi sono diventati più di tre milioni) è veramente la città della favola, e neppure all'epoca sua poteva esser vera, figuriamoci oggi! Non si capirebbe altrimenti perché una così schiacciante maggioranza si sarebbe consegnata per più di un decennio nelle mani di Lauro e di tutti i peggiori rappresentanti del colore locale venuti dopo di lui; e perché senza muovere un dito, con un'indifferenza e un disamore veramente sorprendenti, avrebbe sopportato di vedere la città sempre più avvilita e corrotta, perché non avrebbe opposto nessuna reazione morale, nessuna civile ribellione al progressivo imbarbarimento della vita sociale.

A Napoli di favole ce ne raccontiamo fin troppe, e le favole ci hanno aiutato solo a non affrontare i problemi veri della città. La verità è che la cultura locale oggi è in espansione, di essa si è nutrita la nuova borghesia camorristica, che in pochi anni ha conquistato quasi tutti gli strati della società partenopea attraverso il blocco camorra-politica-affari. Se fingiamo di non saperlo per cullarci nell'illusione di una Napoli Europea come di un optional o di una realtà già conseguita, non sapremo neppure come scrollarci di dosso in un sussulto di orgoglio e di schifo tutto il male che ci sta devastando.

Il mio amico Francesco Compagna diceva che in ogni napoletano c'è un europeo scontento. Scontento, diceva, *non* soddisfatto. Scontento di come vanno le cose nella sua città, che pur avendone tutte le possibilità, per cultura, storia e tradizioni, europea non è, o lo è troppo poco, e oggi sempre meno.

Vorrei che questo europeo scontento venisse fuori, finalmente, e il suo scontento lo facesse sentire.

Le grandi navi che arrivavano dagli oceani nelle tranquille acque napoletane avevano nomi pieni d'avventura: il "Conte Rosso", il "Conte Biancamano", il "Conte di Savoia", il "Vulcania", il "Saturnia", e il "Rex", la più grande di tutte. Di ognuna, appena si profilava sulla linea del mare tra Capo Posillipo e Capri e lentamente si avvicinava al porto, riconoscevo la sagoma e ad alta voce pronunciavo il nome.

Le navi per me facevano parte del panorama, arrivavano e partivano a scadenze fisse, a volte mi aiutavano a fare il calcolo del tempo. Ne ero orgoglioso come se le avessi costruite io, risvegliavano in me un amore patriottico, e la bellezza delle loro linee attirava il mio senso estetico. Oggi non mi capita più di vederle apparire. Si vedono solo navi da crociera, più piccole e tozze, gonfie di cabine turistiche. E non mi capita più di corteggiarle con lo sguardo vedendole uscire dal porto, dietro Castel dell'Ovo.

Anche i cutter dalle forme snelle e slanciate come quelle degli uccelli marini, i cutter orgoglio e bandiera dei Circoli Nautici, sono quasi tutti scomparsi. Raramente si vede uno di questi trasognati veleggiatori nelle acque del Golfo. Sono scomparsi gli scafi fatti di legno, la qualità

27

del legno non mette più in risalto la bellezza della loro struttura e l'aristocratica perfezione delle loro rifiniture. Il mogano, il teck, il castagno, il piccipaino, il buon legno stagionato, ricco di umori e di odori, di vene e di nodi, il legno vivo di resina, fatto per durare e invecchiare sotto il sole, tra i venti e le onde e il salmastro, il bel legno animato e maturo d'una volta che si sposava così bene con il blu marino, non nobilita più le tolde e le porene, gli alberi e il fasciame, la ruota del timone e le cabine. L'avvento della plastica ha provocato sul mare un mutamento estetico pari a quello dell'avvento della navigazione a vapore lamentato da Conrad. La bellezza delle forme e l'eleganza tutta manuale, di cosa artigianale, delle barche di una volta, quell'eleganza che nasceva dal rapporto essenziale tra lo scafo e il mare, dalla loro sfida o dalla loro armonia, quella è scomparsa ed ha ceduto il posto alla precisione seriale delle barche di plastica. E io resto qui a rimpiangerla.

Mi ha colpito un'osservazione di Francesco Venezia sulle città che si possono controllare con lo sguardo e le città dove questo non è possibile; le città dove esiste una compenetrazione col paesaggio, con un orizzonte quasi sempre chiuso (come appunto è Napoli col suo Golfo), e le città che hanno un rapporto malinconico col mare, dove capita di sedersi "voltando le spalle alle case e mirare in fondo all'impenetrabile abisso dell'orizzonte fino a lasciarsi inghiottire dalla sua profondità"[11]. Lo spazio chiuso "comporta la piacevole sensazione di sentirsi all'interno di una realtà che è quasi sempre confortevole" mentre dove questo spazio è aperto sull'infinità del mare "si avverte quel senso di pericolo che si prova quando l'orizzonte è una linea vuota", una linea appunto impenetrabile, "che inghiotte". Tutto questo come corrisponde bene alla natura dei napoletani! Lo spazio chiuso del Golfo, con in fondo il Vesuvio dai lievi fianchi ondulanti, è come il grembo della grande città materna che li abbraccia e li protegge. L'orizzonte aperto, là fuori, oltre Capri e Sorrento, ispira solo malinconia, è pericoloso e angosciante. Non c'è protezione lì, "pe' mare nun ce stanno taverne" (non ci sono ripari) e il desiderio di oltrepassare la linea infida di quell'orizzonte, per andare di là da quella a cercare l'ignoto o l'avventura, non li sfiora nemmeno.

Di entrambe queste sensazioni, quella rassicurante e quella angosciante, io ho fatto esperienza a Capri, perché la mia casa lì è situata, in una località detta "Due Golfi", dove da una parte si può contemplare l'orizzonte infinito e dall'altra le isole di Ischia e di Procida, il Capo Miseno e tutta la cornice che racchiude il Golfo di Napoli. È un'esperienza che mi ha aiutato a capire meglio il rapporto dei napoletani col mare e la loro riluttanza a prendere il largo.

Nonostante l'imponenza del suo porto e l'importanza della sua posizione geografica, il destino di Napoli non è stato mai veramente il mare. Non esploratori, non navigatori, non circumnavigatori e tanto meno eroi che sul mare cercarono l'avventura, partirono mai da Napoli. Buoni marinai furono gli amalfitani, buoni marinai (e carpentieri) i sorrentini e i procidani, non certo i napoletani, che preferirono al massimo, senza allontanarsi troppo, pescare polpi e totani con la lampara. Per i napoletani il mare fu sempre "luogo di delizie", e sin dal tempo dei Romani lo amarono per l'"otium" da coltivare sulle sue rive, per le ville amene e i "buen retiri", non certo per i rischi da affrontare (come i veneziani e i genovesi), non per sfidarne le tempeste in cerca di fortuna. E quando il mare dovettero attraversarlo per sfuggire alla miseria e trovare un qualsiasi lavoro in terre assai lontane, gli emigranti lo fecero loro malgrado, da disperati, e col mal di mare. Sognarono sempre, cantandolo con dolore e nostalgia, quel piccolo specchio d'acqua circoscritto e familiare davanti a Santa Lucia che avevano dovuto abbandonare.

Il Sannazzaro celebrò nei suoi versi il tremolar della marina, le canzoni s'accompagnarono al mormorio dell'onde, i poeti descrissero nel bel dialetto d'una volta, con dovizia e fantasia barocca, il guarracino indaffarato, la patella odorosa, lo scorfano scorbutico; pesci di scoglio insomma, non certo balene, come Melville, pescetielli che abitano il mare come si abita un vicolo, non come si abita l'oceano. Voglio dire che i napoletani hanno sempre preferito la sicurezza della terraferma all'insicurezza del mare (così come preferirono la sicurezza della rendita al rischio dell'impresa).

Ho detto che il loro rapporto col mare è un buon indice per capirne la natura e il carattere perché anche la Storia è come un mare che bisogna attraversare, e chi non osa farlo ne resta travolto. Come è successo più volte ai napoletani, e come ancor oggi, nelle presenti circostanze, sta succedendo.

Napoli non è una città di porto. Non ci sono calli o carrugi, non le stradine tortuose e i vicoli che scendono al porto come verso un estuario, non le taverne frequentate dai marinai e dalle puttane, non le botteghe con cordami e attrezzature navali, non la vita e l'atmosfera della città di porto come, che so, Genova o Marsiglia o Lisbona. Napoli e il suo porto sono due entità separate e distinte, stanno ognuna per suo conto, dedite ai propri traffici. Non è solo la cancellata di ferro e il muro che corre lungo tutta la via della Marina, o la Guardia di Finanza, a separarli, ma qualcosa di più forte e radicale, e cioè la mancanza di una vera vocazione al mare, che tutte le città di porto hanno e che Napoli non ha. Il porto in quelle città è stato sempre il luogo dove si parte e dove si arriva dopo lunghe peripezie tra genti e paesi lontani, il luogo dei racconti incredibili alla Marco Polo, delle bevute e delle balle, il luogo degli incontri e dei convegni, di uomini e merci clandestine, di contrabbando e altri maneggi. A Napoli, per quanto ne so, il porto non è così, è come una cittadella o un fabbricone sul mare, con le sue gru, i suoi bacini di carenaggio, le sue navi, i suoi depositi, le sue infinite attrezzature verticali e orizzontali, un luogo dove si va per lavorare, come in una fabbrica appunto, e nient'altro. Nessuna compenetrazione con la città e i suoi abitanti, nonostante la disponibilità di questa città e di questi abitanti a compenetrarsi con checchessia. Napoli insomma ha più che altro rade e porticciuoli da pescatori, come Santa Lucia, ed è lì che veramente si esprime la sua anima marinara.

Solo in rare occasioni c'è stato un incontro tra il porto e la città, e in quelle occasioni il porto è stato un luogo di dolore. Fu quando – come testimoniano tante sbiadite immagini – ci fu la grande emigrazione, e il porto diventò per tanta povera gente il luogo da cui si parte per mai più ritornare, il luogo delle lacrime e dell'ultimo addio tra i vecchi genitori e i loro figli, il luogo dove amori, speranze, legami si spezzarono mentre lentamente la nave scioglieva gli ormeggi e si allontanava... Solo in quelle occasioni, che nessuno ha veramente raccontato nella loro tragica realtà, il porto e la città si sono incontrati.

Solitari e disperati partirono gli emigranti, abbandonati da Dio e dagli uomini, da uno Stato che più indifferente al loro destino non poteva essere. Della stessa indifferenza fu colpevole la letteratura italiana. Non c'è un vero romanzo su quest'epica della povertà, non uno scrittore ha voluto raccontare questo tragico esodo. C'è un racconto molto romanzesco di De Amicis,[12] e poco altro che

31

io sappia. Sono rimaste le canzoni napoletane a ricordare tanti dolori e nostalgie e patimenti ("Partono i bastimenti...", "E ce ne porta lacrime 'st'America..."), e – sia ascritto a suo onore – un atto unico *Scalo marittimo*[13], scene e musica di Raffaele Viviani.

Mi ha sempre affascinato il concetto di "storia lenta" appreso da Braudel,[14] di quella storia dalla lunga durata che scorre come un fiume sotterraneo e invisibile, parallela alla storia "rapida" raccontata nei libri. Questa storia lenta, senza date, senza re e senza battaglie, è come una sostanza che viene da lontano e si è sciolta nel mare del vissuto, e che poi salta fuori bruscamente e si ritrova in varie dosi negli eventi recenti. È saltata fuori, per esempio, nei Balcani e vediamo con quanta ferocia imperversa in Jugoslavia. In Russia ha determinato il crollo incruento del comunismo, in Israele opera ancora dal tempo della Bibbia, e cova in tanti altri luoghi del mondo, non esclusa l'Italia.

La storia lenta ha poco a che fare con la volontà degli uomini e più con l'inconscio dei popoli. Ha a che fare con l'antropologia, con gli archetipi, con i miti, le sopravvivenze, la lingua, il dialetto, le tradizioni e le superstizioni, con tutte quelle cose che concorrono insomma a formare la *mentalità*.

La cultura dovrebbe consentirci di controllare e nel caso di trasformare i condizionamenti ed i limiti della mentalità.

La mentalità nella maggioranza delle persone è più forte della cultura, e nel corso dei secoli si è affermata fino a diventare carattere negli individui e fino a modellare le forme della vita sociale.

Mi sono spesso domandato quanto gioca a Napoli lo scarto tra la cultura appresa e la mentalità ricevuta. Questo scarto è una costante tragica della nostra storia, e se ne videro le conseguenze sanguinose con Masaniello e nella Rivoluzione del '99. Ancor oggi Napoli è città europea per storia, cultura e civiltà, ma a causa della mentalità prevalente tende sempre più ad assumere *solo* il carattere di città basso-mediterranea. La nostra cultura dovrebbe fare i conti con questa mentalità e con l'uso che essa fa del colore locale, senza corteggiarla né ignorarla.

Una delle chiavi per interpretare l'arretratezza italiana – non solo a Napoli e nel Sud, ma anche al Nord – è proprio il prevalere delle mentalità. È una arretratezza che nasce dal conflitto di tante mentalità separate, incapaci di percepire un interesse comune superiore al loro interesse particolare, senza ideali se non retorici, e piene di pregiudizi reciproci. È l'arretratezza di un paese malato di populismo, che ha confuso la democrazia col pluralismo inconcludente gridato nelle piazze e amplificato dalla televisione. È l'arretratezza di un'Italia dominata dall'emergere di relitti psichici di un passato da *Batracomiomachia* e da *Secchia rapita*.

Solo dove non c'è libertà si ha un destino. Solo chi se lo è voluto ha un destino.

Il destino è una delle tante forme dell'immobilità.

L'immobilità è la ripetizione sempre uguale di gesti, parole, comportamenti.

È nella natura del destino il non poter trovare in sé il proprio correttivo. Per questo è immutabile.

Dunque un destino è immutabile perché la cultura (arcaica) che lo ha determinato non sa produrre al proprio interno gli anticorpi del cambiamento, e cioè *non sa criticarsi*. Solo cambiando si è se stessi.

La cultura delle piccole identità (locali) produce la mentalità, che arriva sulla corrente della storia lenta.

È la mentalità che si fissa in un destino.

La mentalità ha un concetto del bene e del male che non corrisponde a quella della morale comunemente accettata, e spesso è al di là del bene e del male. Così sono anche i comportamenti dettati dalla mentalità.

La mentalità ha le sue ragioni che la ragione non ammette.

In Italia accanto alle cose che si muovono ci sono tante mentalità e destini fissi. Sicilia, Sardegna, Calabria: destini... E su, nel Nord, nel Veneto, in Piemonte, sulle Alpi, quanti sono i paesi e le contrade dove si annida inestirpabile un medioevo psichico sotto le apparenze della modernità?

La corruzione delle mentalità venute improvvisamente a contatto con la modernità ha rafforzato nel Sud mafie e camorre di vario genere, e nel Nord ha prodotto la degenerazione della logica del profitto (tangenti). Ogni mentalità si corrompe a modo suo, riproponendo i suoi miti e i suoi riti, le sue ataviche sopravvivenze.

Ogni mentalità nutre e si nutre di pregiudizi.

È sul terreno delle mentalità che la cultura deve affrontare il Nemico. È lì che la cultura deve operare per vincere il destino e *ribellarsi*.

La mentalità è omologante. Questa omologazione all'interno della propria piccola identità *è più forte* di quella della modernità egemone dell'Occidente, che tenderebbe – si teme e si dice – a cancellare e livellare ogni diversità.

È più forte certamente a Napoli. Per esempio tra due avvocati napoletani di opposta fede ideologica, che differenza sostanziale può esserci se alla fin fine essi ordinano entrambi il caffè senza zucchero e servito con un bicchier d'acqua, leggono solo "Il Mattino", frequentano lo stesso Circolo Nautico, ridono delle stesse battute, amano l'aneddoto raccontato in dialetto, hanno le stesse idee sulla famiglia, sull'amore, sui figli, sul sesso, pensano le stesse cose della gelosia, delle donne, dell'onore, della morale, della religione, della vita e della morte, e sono sin nell'inconscio "napoletani veraci" allo stesso modo? Quella piccola differenza idealistica, ideologica o di partito che li divide, fa ridere al confronto, è una pagliuzza, un niente.

Quando l'omologazione antropologica è così forte, è difficile essere veramente degli individui liberi e indipendenti, perciò a Napoli chi riesce ad esserlo è veramente eccezionale.

"Io so questo: che i napoletani sono oggi una grande tribù che anziché vivere nel deserto o nella savana, come i Tuareg, vive nel ventre di una grande città di mare. Questa tribù ha deciso di estinguersi rifiutando il nuovo potere, ossia quella che chiamiamo la storia, o altrimenti la modernità." Così scriveva Pasolini nel '76 rispondendo a un'inchiesta di Antonio Ghirelli sulla "napoletanità".[15]

"La vecchia tribù dei napoletani, nei suoi vichi, nelle sue piazze nere e rosa, continua come se nulla fosse successo a fare i suoi gesti, a lanciare le sue esclamazioni, a dare nelle sue escandescenze, a compiere le proprie guappesche prepotenze, a servire a comandare a lamentarsi a ridere a gridare a sfottere [...] i napoletani hanno deciso di estinguersi restando fino all'ultimo napoletani, cioè irripetibili, irriducibili e incorruttibili." E ancora: ... "una negazione fatale contro cui non c'è niente da fare. Essa dà una profonda malinconia, come tutte le tragedie che si compiono lentamente; ma anche una profonda consolazione, perché questo rifiuto, questa negazione della storia, è giusto, è sacrosanto".

Pasolini amava il Terzo Mondo, lo amava anche esteticamente, e credeva fosse una riserva dove la pianta uomo cresce meglio. Forse per questo confondeva Napoli col

Terzo Mondo, forse pensava alla plebe, a un certo tipo di napoletano come quel Gennariello di cui s'era fatto pedagogo. Ma nonostante il suo populismo decadente, col suo istinto poetico aveva colto uno degli aspetti più importanti del carattere di Napoli e di gran parte dei suoi abitanti.

Dice che i napoletani sono rimasti sempre uguali a se stessi malgrado ogni dominazione straniera, ed è vero. Che preferiscono morire anziché cambiare, ed è vero. Che perciò continuano a ripetere gli stessi gesti e le stesse parole rifiutandosi alla storia, cioè alla modernità, ed è vero.

Ma dice anche che un tale rifiuto è sacrosanto, e qui secondo me sbaglia. No, *non è* sacrosanto. Non si rimane se stessi, non si conserva la propria identità ripetendo gli stessi gesti e le stesse parole. La ripetizione uccide, fossilizza, corrode. Per rimanere se stessi bisogna cambiare, ma non alla maniera gattopardesca. Cambiare significa assumere la modernità senza subirla, assumere quella modernità che ci serve, assumerla nelle dosi giuste. Farla propria e riproporla in forme proprie.

Gli austriaci o gli olandesi, gli svizzeri o gli scozzesi, sono rimasti se stessi, la loro identità non è stata mai intaccata neppure negli aspetti più appariscenti del costume. Essi vivono la loro modernità naturalmente anche quando hanno gli zoccoli, l'alpenstock o il gonnellino. Solo i paesi che hanno rifiutato la modernità, la mobilitazione e i sacrifici necessari per conseguirla, sin dai tempi della prima rivoluzione industriale, sono costretti a subirla oggi nei suoi aspetti deteriori, e sono vittime di un consumismo snaturante e distruttivo, di una colonizzazione del gusto degli atteggiamenti e dei comportamenti che li ha confinati in quella terra di nessuno degradata e degradante, dove non si è più né moderni né antichi, né quelli di oggi né quelli di ieri, e si è solo preda della modernità altrui. Sacche di sviluppo senza progresso all'interno dei paesi europei più avanzati. E può Napoli augurarsi una sorte simile?

"Ma è a livello di cultura alta che sedimenta, discreta e tenace, l'idea che nella distanza dalla modernità (quella democratica, individualistica, industriale) si possa nascondere un qualche 'primato'. Credo che ciò accada perché molte gerarchie sono in crisi, l'apoditticità del moderno è da tempo in pezzi, e la stessa opposizione concettuale tradizione-modernità ha minori capacità descrittive. E tuttavia nel caso italiano è anche probabile che il nuovo fascino del non-moderno, così come la benevolenza che suscitano molti tratti sociali tradizionali (il ruolo della famiglia, l'attaccamento al villaggio provinciale, alla tradizione cattolica) facciano parte di una riformulazione della 'differenza italiana' che tende a presentare l'antica distanza dal moderno come una modernità diversa, non priva di tratti elitari e raffinati".[16]

Di questo fascino del non-moderno di cui parla Raffaele Romanelli su "La Rivista dei Libri", ho sentito spesso discutere a Napoli, e credo faccia parte di una riformulazione elitaria e raffinata della "differenza napoletana"...

E poi c'è il pessimismo ancestrale, abissale, siciliano, di Sgalambro: "Il concetto occidentale di miglioramento è un concetto equivoco. Esso è la malattia, non la guarigione. Ci sono eventi che non si migliorano. Su cui non si interviene. Si lasci che questi eventi eseguano la condanna cui sono destinati senza che officino i molesti miglioratori".

E ancora:

"La società migliore è la società peggiore, quella in cui si vedrà tutto com'è."

A volte a Napoli vengono questi pensieri, e sembra che anche qui "l'ipocondria (sia) l'unico punto di contatto che è rimasto con la realtà e insieme l'unica cosa che dia la forza di pensare".[17]

Impartendo la sua lezione a Gennariello (nelle *Lettere Luterane*)[18] Pasolini gli raccomanda di non credere in *questa* Storia e in *questo* progresso. "Non è vero" gli dice "che comunque si vada avanti. Anzi assai spesso le società regrediscono o peggiorano." E gli dice anche che "l'accettazione realistica" di questa trasformazione è "una colpevole maniera per tranquillizzare la propria coscienza e tirare avanti". E vedendo come sono andate le cose in Italia in questi anni, soprattutto nell'Italia Meridionale e a Napoli, chi oserebbe dargli torto?

Ma Gennariello avrebbe potuto chiedere a Pasolini come si fa ad arrestare il "falso progredire" di questa civiltà se uno si trova a vivere a Napoli, cioè in Europa, cioè in Occidente, dove la modernità è inevitabile, e, se non altro per ragioni di appartenenza geografica, non si può tenere a bada perché arriva comunque.

Io credo che il "falso progredire" di cui parla Pasolini non sia la modernità ma quella *mezza modernità* subita e male assimilata che ha devastato tante zone del mondo, perfino paesi isolati e lontani come lo Yemen da lui amato. Ma, visto che ormai almeno in Italia il peggio è già accaduto da più di trent'anni, e recuperare ciò che è stato perduto per sempre non si può, anche la "denuncia disperata e inutile" di Pasolini mi sembra un atteggiamento non più consentito. Il senso di una perdita irrimediabile – che chi non sente definisce "nostalgico" – accompagnerà sempre quelli della mia generazione che hanno conosciuto il mondo di prima, non inquinato e degradato dal consumismo di massa. Ma il rimedio, l'unico rimedio possibile, è appunto quello di trasformare la mezza modernità da colonizzati che stiamo subendo in una modernità più autentica ed accettabile: a cominciare da quella che da noi non c'è mai stata, e che i paesi più avanzati hanno conosciuto con la rivoluzione industriale circa un secolo fa. Dopotutto la "normalità" tanto spesso invocata a Napoli, questo e non altro vuol dire. Ed è Pasolini stesso che lo conferma quando, elencando i vari capi d'imputazione nel Processo da lui immaginato contro gli uomini del Palazzo, li accusa di aver speso in tutto, nei dieci anni di cosiddetto benessere, "fuorché nei servizi pubblici di prima necessità: ospedali, scuole, asili, ospizi, verde pubblico, beni naturali cioè culturali". E ammette così, suo malgrado, che questa sarebbe intanto la modernità da acquisire. Soprattutto a Napoli, direi, e avendo a modello più Barcellona che Il Cairo; più Barcellona che New York.

I napoletani a Napoli vivono in una specie di prigione concettuale – mi sembra – la cui forma più evidente è la soddisfatta contemplazione di se stessi, della loro storia, dei loro personaggi, delle loro canzoni, e tutto il resto. Ed ecco l'eterno teatro quotidiano in cui si rispecchiano e da cui ripartono per creare nuovo vissuto ("comportamento sociale recitato") in una specie di circolo vizioso che gira eternamente a vuoto, come ha bene spiegato Stefano De Matteis nel suo libro *Lo specchio della verità*.[19] Questo movimento in apparenza frenetico si svolge però sempre nello stesso ambito ristretto, in quella gabbia dello scoiattolo concettuale che è appunto uno dei tanti modi dell'immobilità.

Anche il dialetto – non sempre, ma il più delle volte – fa parte di questa prigione. Il dialetto imbarbarito da Bassa Campania che oggi si sente parlare nelle strade, e quello artisticamente rimaneggiato che viene adoperato specialmente nel teatro (anche in quello d'avanguardia). Il dialetto è certo spontaneo, emotivo, diretto, efficace, espressivo, ma quanto può essere *riduttivo*! Quanti veri pensieri può escludere ed eludere, quanti vocaboli indispensabili alla sfera spirituale non conosce, quante vere avventure della coscienza serve ad evitare. E invece quante vecchie solfe può suggerire, magari travestite da innovazione verbale. E così nella tiepida e rassicurante immobilità del dialetto si vedono spesso sguazzare i napoletani, come in una piscina di acque termali, e ora intonano convinti una canzone, ora recitano una commedia, ora si raccontano ridendo una barzelletta, un aneddoto, o ripetono una frase sentita, un epiteto, un vocabolo... Non è che non ami il mio dialetto, è bellissimo, anche letterariamente (Basile, che grande scrittore!), e può dare ancora qualche sorpresa se è usato nella maniera giusta (ma è raro). Amo il dialetto poetico di Di Giacomo, quello borghese di De Filippo, quello popolaresco di Viviani, quello di una bella canzone cantata senza troppa immedesimazione. Non amo quella generale regressione verso la non conoscenza di sé che è nel vezzo truffaldino di bamboleggiare col dialetto. Anche Croce parlava spesso in dialetto, ma pensava e scriveva in lingua.

C'è anche un dialetto post-napoletano che s'è visto sui nostri palcoscenici, un dialetto astuto e puttanesco, intinto in tutte le salse: salsa Brecht e salsa rock, salsa Beckett e salsa pop, salsa Wilson e salsa Dylan, e così via. Il che significa un fondo contenutistico – cioè la sostanza – *immobile*; e una superficie formale – cioè l'apparenza – svariante. È questo il nuovo manierismo artistico-dialettale napoletano, il nuovo estetismo antropologico, il nuovo impiego del Seicento, la nuova funzione della magniloquenza, il nuovo gusto della riesumazione, il nuovo trasformismo del Barocco, il nuovo approccio del mito, il nuovo sfruttamento della retorica, il post-nuovo e il neo-vecchio, insomma, oggi in auge. Ma tutto questo è – appunto – immobile, un altro aspetto dell'immobilità.

Fa parte di tutto questo falso movimento l'uso della storia di Napoli, storia che non è più critica del passato inteso come problema, ma "rivisitazione, ricaduta, tonfo, in un passato anch'esso immobile perché visto solo nostalgicamente". E così Masaniello Pulcinella Sciosciammocca e Palummella, e il solito corteo, vengono continuamente riproposti in questa chiave come "nuovo scenario teatrale partenopeo".

E poi c'è il dialetto sincopato dei cantautori, una specie di dialetto "travesti" che ha appunto l'esagerazione, l'esibizionismo, la spudoratezza e l'ambiguità riscontrabile in un travestito. Quando *non è* tutto questo, il dialetto può anche andar bene.

I napoletani, riciclatori post-moderni di un passato non proprio irreprensibile, evidentemente non hanno un buon rapporto con la propria memoria storica. La trasformano sempre in qualcosa di vago e gratificante, la adibiscono ad ogni possibile uso in ogni possibile occasione, anche quando non sarebbe proprio il caso. Considerano il loro passato come un elemento di rappresentazione o di trastullo o di ostentazione, cadendo in quella tipica forma di immobilità che deriva da rimozione della conoscenza. Non sanno che "non si dà memoria senza giudizio".

Chi tratta così il proprio passato non lo possiede veramente, e perciò non può superarlo, trarne lezione o giovamento. Chi non possiede il proprio passato non possiede nemmeno il proprio presente, vive spossessato del presente, vive cioè in una irrealtà quotidiana, come fa appunto la società napoletana oggi. Una irrealtà immobile, perché solo il desiderio di conoscenza ci libera dall'inerzia spirituale.

L'immobilità della società napoletana è un'immobilità che non include, non è ricettiva, ma tende soprattutto ad escludere. Esclude il mondo di oggi con tutte le correnti e gli eventi che lo attraversano, lo rendono interessante e terribile, ed elude tutte le domande che ogni giorno ci pone.

La città, immobile nel suo inerte gioco di specchi, lo tiene a bada, non vuol essere disturbata, non cerca un confronto vitale, preferisce gingillarsi entro le mura con gli antichi miti e riti.

La coazione a ripetere è uno degli attributi di questa immobilità: coazione a ripetere il catalogo delle parole e dei gesti, delle idee ricevute e degli errori ereditati e codificati, agendo perfino sul piano delle emozioni e della memoria individuale, che vengono selezionate con un meccanismo automatico come quello dei riflessi di Pavlov, e altrettanto prevedibile. Ciò che è immobile può solo corrompersi, e infatti si è corrotto il costume dei napoletani, e il comportamento, il dialetto, la loro forma di civiltà. L'aspetto stesso della città, congestionata, degradata e derelitta, è il segno più evidente, il simbolo, di questa immobilità.

"Il sole batteva – senza possibilità di alternativa – sul nulla di nuovo"... È l'inizio di un libro di Beckett.[20] Allo stesso modo e con le stesse parole avrei potuto descrivere l'inizio di una delle tante giornate della mia giovinezza, quando la mattina mi svegliavo col desiderio di intraprendere qualcosa, qualsiasi pur minima cosa rassomigliante a un lavoro, e sapevo che non avrei potuto far altro che girovagare per le strade della città senza concludere nulla, perché non potevo aspettarmi nulla, nessuna occasione, da nessuna parte. Così in quei giorni d'impazienza d'una giovinezza forzosamente attardata, sperimentai fino in fondo l'onnipresente immobilità napoletana, da non confondere con l'apparente vivacità della gente.

Se scrivere significa allargare i confini del mondo, come afferma Peter Handke, scrivendo di Napoli questo è ancora possibile? È possibile, almeno, allargare i confini della città e, parlandone, farla uscire da quella specie di recinto in cui si è chiusa, usando le chiavi del linguaggio, dell'immaginazione e della speranza per scuoterla dalla sua immobilità?

Di certa borghesia napoletana si può dire quel che dice

Adorno nei *Minima Moralia*: "Giustificano con battute grossolane la loro ostilità allo spirito, ostilità che nasce dal sospetto che nell'indipendenza del pensiero si celi qualcosa di sovversivo che mette in pericolo la loro sicurezza". Chi non è mai entrato in un Circolo Nautico non sa quanto è sotterraneamente tenace questa ostilità e questo sospetto, non sa quanto è pesante l'immobilità che si annida in questi santuari della borghesia cittadina.

A volte mi chiedo se è giusto e opportuno per uno scrittore riproporre questo discorso su Napoli, come se Napoli fosse un dato importante del pensiero o della storia che stiamo attraversando, invece di essere per tanti aspetti solo l'esempio di una sopravvivenza indebita del passato. E mi chiedo se non sono stato anche io preso nella "circolarità" di questo "discorso su Napoli", che interminabilmente ripete la circolarità esistenziale della città. Come napoletano ho imparato quanto sia forte il risucchio esercitato dalla città sulla formazione di un giovane. Il risucchio a volte è talmente forte che forma una specie di vortice – come quello del Maelström di Edgar Poe – con un potere di attrazione-distruzione enorme. L'importante è, mentre ci siamo dentro, di mettere in atto tutte le nostre facoltà critiche insieme all'istinto di conservazione, e sapere perciò com'è fatto il vortice, in che punto del vortice ci troviamo, e che cosa accade intorno a noi, quali forze agiscono, mentre siamo nel vortice. Bisognerebbe avere la lucidità del personaggio di Poe per descrivere tutto questo, per stare dentro al vortice senza abbandonarvisi, mantenendo sempre la padronanza di se stessi. Sapere "dove si è" non è certo facile a Napoli. La metafora del Maelström è forse esagerata, ma rende l'idea. Perché io spero che chi legge queste righe capisca meglio cos'è la città con tutti i suoi condizionamenti e riesca in qualche modo a scoprire per suo conto per quale stretta via si può uscir fuori dalla circolarità di cui parlo.

Farebbe bene oggi uno scrittore che volesse interrompere questa circolarità a sospendere per qualche tempo quel realismo che riproduce direttamente la realtà così com'è. A Napoli oggi la realtà è più forte di quel realismo, quel realismo non sa come rappresentarla. La realtà se la ride, quando si accorge che quel realismo vuole afferrarla. Va là, gli dice, torna quando sarai più grande e un po' più scaltrito. Lascia perdere Mastriani o la Serao, studia bene Tolstoj e Dostoevskij, Balzac e Flaubert, e ricordati che il vero realismo *è sempre critico*, risale sempre alle cause ultime. Cerca di non descrivermi troppo, non sopporto le descrizioni insistite, sono superficiali e distruggono. Pensami, invece, fatti di me *un'immagine mentale* forte e dominante, conoscitiva. Allora chissà, forse potrei anche concedermi un po'.

Cos'è un'immagine mentale? Per me fu la Ferita che attraversa la Bella Giornata, fu l'Armonia Perduta e poi Recitata. Fu il Flauto Suadente del Dialetto, la Paura della Plebe, la Foresta Vergine che avanza, la Classe Digerente Meridionale, e qualche altra da queste suscitata.

Sì, è vero, a volte la realtà è orribile a Napoli. Ma più orribile è il naturalismo orribilistico che pretende di rappresentarla. Il compito di uno scrittore che volesse occuparsi di Napoli non è necessariamente quello di farsi carico delle sofferenze della povera gente o di raccontare, per essere realista, cose di cronaca nera o di camorra, e di rappresentare tutto questo in un romanzo. È invece quello di *ripensare* la città continuamente, al di fuori di ogni schema preconcetto, di ripensarla in una maniera e da un punto di vista che la renda presentabile, perché le vecchie rappresentazioni l'hanno resa ormai *impresentabile*, anche letterariamente.

Ripensarla nuovamente per "appaesarla al mondo", per rimetterla in circolazione là dove viene rifiutata, per "forgiare la sua coscienza increata" attraverso un linguaggio adeguato. Ripensarla ogni volta daccapo, evitando la ripetizione, è il solo modo che ha uno scrittore per costruire anche qui la speranza, e sottrarre la città alla deriva, dotandola di una diversa intelligenza del proprio destino.

Non è più presentabile la Napoli che vediamo tanto spesso al cinema, in televisione e anche nei libri. I veri napoletani lo sanno da tempo, e non stanno più al gioco di quelle rappresentazioni, non ci credono più. Comincia a nascere in loro, quando assistono a una esibizione televisiva di un loro "campione" (della canzone, dell'umorismo, dello spettacolo) il fastidio, la noia e la stanchezza di essere rappresentati così come sono rappresentati. Loro sanno che *non sono così*. La maschera che gli è appiccicata sulla faccia comincia a diventare pesante come una maschera di ferro.

Una città muore quando non viene ripensata continuamente, quando non ha più niente da dire e su di essa non c'è più niente da dire. Per dire qualcosa su Napoli bisogna disseppellirla dagli strati delle vecchie rappresentazioni che la coprono, bisogna farla venire alla luce con un'accurata archeologia della mente.

Napoli è sommersa, nascosta, cancellata dalle rappresentazioni che lei dà di se stessa e gli altri di lei, dalle rappresentazioni che nascono da altre rappresentazioni. Intendo ogni tipo di rappresentazione, quella improntata alla recita del vissuto quotidiano e quella che è diventata la recita della recita. E poi quella artistica, letteraria, teatrale, figurativa, canora, cinematografica, senza dimenticare quella data dai giornali, anche dai giornali locali.

Una città è viva se produce linguaggio: non solo parole ed esperimenti di parole, ma idee, concetti, sogni, propositi, utopie, punti di vista, per raccontare se stessa interessando gli altri, e per capire la realtà degli altri attraverso la propria.

Per essere di nuovo rappresentabile Napoli dovrebbe liberarsi da ogni tipo di rappresentazione coatta, e "ricomporsi" nell'immaginario.

La sua attuale non-rappresentabilità è la conseguenza dell'immobilità (anche quella dell'immaginario).

Uno scrittore, un artista, dovrebbe cercare, aguzzando l'ingegno, di rompere quell'immobilità con ogni mezzo a sua disposizione. Qualcuno, ogni tanto, ci riesce.

Abbi pietà, Signore, dello "scrittore napoletano", che è costretto anche quando non vuole a parlare di Napoli. Me lo fai un articolo con un po' di colore sul colera? Un commento a queste foto del terremoto?... E così Napoli diventa una persecuzione, oppure un marchio di fabbrica. Me lo fai un pezzo, "made in Naples" su camorra, scippi, droga, traffico, speculazioni, inquinamento, sull'ultimo episodio-barzelletta di turno, e su ogni altro aspetto della mala vita che vivete lì? E lo "scrittore napoletano" è costretto così, non solo a specializzarsi su Napoli, ma a farla diventare speciale a tutti i costi. A parlarne fino al punto di distorcere una forse più felice vocazione. O a trasformarsi in una specie di "muezzin", urlante il suo sentimentale sdegno settimanale dall'alto di una colonna del giornale locale.

Non è l'argomento che definisce un libro, ma l'operazione letteraria messa in atto, il linguaggio, la costruzione, lo stile, il punto di vista e così via. Un libro, anche quando parla di Napoli, parla prima di se stesso, cioè di come è scritto, e poi di Napoli. Ma per uno scrittore napoletano è quasi impossibile venir giudicato in base a questi criteri, come capita a tutti. Dai suoi concittadini, perché lo giudicheranno sempre e solo per la sua "idea di Napoli" emergente dal libro. Dagli altri, perché il fatto di parlare di Napoli lo ridimensiona: scrittore magari sei, te lo concediamo, ma "napoletano" prima di tutto, con questo limite. Se si parla di Pavese non si dice subito: scrittore piemontese. Se si nomina Gadda o Moravia non si dice subito: milanese, romano, e non è questo un predicato indispensabile per circoscriverne la risonanza, l'interesse e l'importanza. Per uno scrittore napoletano, invece, sì. Per uno scrittore nascere a Napoli comporta un pedaggio da pagare.

Una delle cose più comuni che capitano a uno "scrittore napoletano" è di essere quasi sempre preceduto dalla sua cittadinanza e dalle "generalità" che immediatamente suscita negli altri questa sua appartenenza. Si dirà che ciò accade anche a un americano, a un veneziano, a un francese o a un milanese. Ma uno scrittore napoletano è chiamato a render conto e deve farsi carico seduta stante di *tutte* le inadempienze secolari della sua città. Deve risponderne, diciamo, di persona, e un po' più di un milanese o di un veneziano. Un napoletano deve quasi sempre *giustificarsi*.

Il rapporto con la propria memoria privata, perfino quello uno "scrittore napoletano" è obbligato a sorvegliare, perché perfino quello a Napoli subisce incontrollabili condizionamenti. Se è vero infatti che la memoria non è un ammasso di ricordi depositati nel fondo della coscienza, e neppure un archivio che possiamo consultare a piacimento, ma un'*invenzione*, come quella di un narratore che collega gli sparsi tasselli dei ricordi in sequenze cui dà un ordine ed un senso, allora è anche vero che quando questo narratore, cioè questa memoria, viene da Napoli e riguarda Napoli, crea associazioni e connessioni non sempre libere, ma imposte quasi da un conformismo dell'immaginario che si sovrappone alla memoria individuale e la conduce.

52

Sono le idee, scriveva Piovene, che con il loro movimento rinnovano l'oggetto su cui si versa il nostro sentimento. Se questo oggetto rimane fisso o predestinato dal costume locale, inevitabilmente il sentimento, così condizionato, si trasforma in sentimentalismo. Su questo, a Napoli, bisogna fare attenzione.

Uno "scrittore napoletano" è obbligato a scrivere su Napoli anche quando non vuole; ma quando ne scrive, qualunque cosa scriva, insorgono gli altri napoletani a contraddirlo. I napoletani amano criticarsi perché amano parlare di sé, ma se a far la critica è uno scrittore napoletano che non vive a Napoli, allora non ci stanno. Ma come, emigri e poi denigri? E ti rinfacciano sempre di aver "abbandonato Napoli", di averla disertata mentre loro tenevano duro, come se Napoli fosse una fortezza assediata. Può darsi che chi vive a Napoli si senta davvero, e abbia ragione di sentirsi, come in una fortezza assediata; può darsi che sia arrabbiatissimo per essere costretto a vivere in una città una volta amabile ed oggi invivibile; e capisco che questa sua rabbia la sfoghi contro quelli che se ne sono andati. Ma perché non vogliono tener conto che se ne andarono non per volontà ma per dura necessità?

E così uno scrittore napoletano, quando è emigrato, come me, si trova molto spesso tra due fuochi: sotto lo sguardo rabbioso dei concittadini sempre "assediati", oggi come allora; e sotto lo sguardo dei cisalpini, sempre più esigenti, che gli chiedono conto di tutte le inadempienze della città, con civile petulanza.

– Non mi piacciono i "rivisitatori".
– Chi sarebbero?
– Quei nostalgici che tornano a rivisitare la città, dopo averla abbandonata.

– Fu la città ad abbandonare noi, non noi la città. E andarsene non fu un viaggio di piacere.
– Può darsi. Ma a Napoli bisogna viverci per avere il diritto di parlarne. Voi venite, rivisitate, dite la vostra sui giornali, poi ve ne andate di nuovo. E per voi tutto è finito. Invece noi restiamo e tutto continua. Troppo comodo.
– E che dovremmo fare?
– Meno pronunciamenti e meno nostalgie...
(In verità si crede di partire e non si fa che ritornare. Non sarà anche questo un segno della "circolarità" napoletana?)

"Perché ho lasciato la città in cui ci sono più monarchici e qualunquisti, la città in cui ci sono più bambini tubercolotici e più disoccupati, più prostitute e più fame, e me ne sono venuto in un paese in cui più o meno si riesce a sbarcare il lunario? [...] Uno se ne va semplicemente perché lo hanno messo per anni e anni con le spalle al muro." Così scriveva nel settembre del 1947 Antonio Ghirelli da Milano a Pasquale Prunas, sull'ultimo numero della rivista "Sud".

E in quello stesso anno Pasquale Prunas scriveva a Emanuelli una lettera datata 26 agosto: "forse Giglio meglio di me avrà potuto dirle le difficoltà per fare un lavoro appena dignitoso qui a Napoli e nel Meridione in genere [...] per chi non voglia arrendersi o perdersi [...] o non voglia emigrare, qui è come stare in trincea. L'intellettuale è sempre un isolato da noi, per lo meno l'intellettuale che non ambisca a seguire le vie dialettali. Qui l'intellettuale *è costretto* inavvertitamente quasi a divenire solo un uomo pieno di rancori, con sé e con gli altri; e se perde la sua dignità di uomo perde molto spesso la sua dignità intellettuale"...

A proposito degli scrittori austriaci emigrati, Claudio Magris scrive che "la loro nostalgia è legittima perché è stata filtrata dalla ribellione". E poi: "Ogni autentico amore ha bisogno del distacco dalla realtà immediata, soprattutto del congedo e dello sradicamento".

"La scelta di un altro paese non è un trasloco, ma un'odissea sentimentale [...], l'esilio volontario o subìto – oppure vissuto in una vibrante e contorta mescolanza di scelta e coazione – è un destino ricorrente per gli scrittori austriaci [...], la distanza spaziale si accompagna spesso ad una acerba critica nei confronti della situazione da cui ci si vuole staccare"...

Della civiltà austriaca, Magris dice che "tende talora ad offrire un'immagine stereotipata di se stessa, un cliché compiaciuto e irrigidito che falsifica proprio i valori che mette in mostra". Dice che "si è trasformata in una insistita autorappresentazione, ora stucchevole ora ossessiva", che "rischia di venir occultata da quella tautologica messinscena", e che "rilascia e richiede continue dichiarazioni su se stessa"; perciò "il compito, anzi la naturale vocazione del poeta è quella di smontare lo scenario prefabbricato per riscoprire e far brillare [...] i frammenti di vita vera soffocati dalla rappresentazione".

Tutto questo, fatte le debite differenze, presenta qualche analogia con la situazione napoletana. E la ragione dell'analogia vien data dallo stesso Magris, quando, sempre a proposito della civiltà austriaca, osserva che "quella tendenza alla messinscena (di sé) è anche un'ideologia conservatrice e talora regressiva... Le culture che hanno avuto un passato storicamente più importante del loro ruolo presente sono ossessionate dalla propria identità e indugiano a indagarsi, a vezzeggiarsi, ma pure a disprezzarsi, a denigrarsi con furore, prigioniere di un narcisismo soffocante".

Bisogna fare attenzione, scrivendo di Napoli, a quella immobilità che si cala nella forma del discorso e diventa l'immobilità dello sfogo soddisfatto, dello sdegno inconcludente, della denuncia impotente, della desolazione rassegnata; all'immobilità della madre-memoria che ci tiene prigionieri della coazione a ripetere, o alla mitomania grandiloquente; a quell'immobilità che astutamente si maschera sotto la superficie mobile d'una modernità d'accatto. Compito dello scrittore è di sventare questa immobilità per scoprire, appunto, "i frammenti di vita vera soffocati dalla rappresentazione".

– Che fa Napoli? È viva, è morta? Passerà la nottata? S'intravede qualcosa all'orizzonte? Un'eruzione sensazionale, un terremoto provvidenziale, uno stanziamento assistenziale?
– È viva, disastrata ma viva. Ha sette vite, come le lucertole.
– Sarà viva, ma è possibile viverci?
– Non ci si annoia come in tante vostre ordinate piccole città. È una città di abitanti e non di passanti, capisce la differenza?
– Ma affonda o non affonda?
– Non lo so. So che le grandi navi affondano lentamente. Hanno molte sacche d'aria nella chiglia. E molte sacche di cultura, tradizione, civiltà ha Napoli, che la tengono a galla, e la terranno ancora chissà per quanto. Ma se dovesse davvero affondare, attenti al risucchio! Quando una grande nave affonda attira con sé nel naufragio tutto quel che galleggia intorno per un largo raggio.

Mala tempora currunt per i napoletani, e il fascino discreto di Arbore e De Crescenzo o quello afasico di Troisi non fanno salire le nostre quotazioni, soprattutto in quell'Italia dove prevale oggi una specie di "incomunicabilità coltivata" nei nostri confronti e una polemica mancanza di duttilità travestita da passione civile. Ce ne dicono di tutti i colori, c'è perfino chi si rifiuta di metter piede nella nostra città perché si sente in pericolo. Sono diventati tutti napoletanofobi: Siete stati smascherati, dicono, la vostra recita non incanta più nessuno. Sì, continuate pure a fare i simpatici con Arbore, De Crescenzo o Troisi, ormai abbiamo capito il gioco. I tempi di *paisà* sono finiti, e *sciuscià* s'è messo a scippà. È finita l'età dell'Oro di Napoli, di Eduardo e di Totò. E c'è chi dice che portiamo il cuore nella fondina, pronti a estrarlo quando ci fa comodo con la stessa tempestività di un pistolero del West.

Ogni pensiero, ogni battuta di spirito, ogni metafora, osservazione, sentenza, ogni storiella, racconto che si presenta avvolto nella cosiddetta "filosofia", punto di vista, visione del mondo, tradizionalmente e veracemente partenopea, risulta oggi quasi sempre *riduttiva*, inadeguata alla realtà in cui viviamo, evasiva, inattuale. Così dicono.

Io dico che esagerano. Ma anche noi tante volte esageriamo.

Appena sono gentile con qualcuno, appena dico qualcosa di garbato o faccio un complimento, trovo subito il moralista che mi dice: "Non fare il napoletano". Dal che si dovrebbe arguire che la gentilezza è una qualità tipicamente partenopea. Ma non è così che la pensano. In verità si confonde sempre la nostra gentilezza con una istintiva *captatio benevolentiae*, e c'è sempre chi si ritiene, chissà perché, il depositario di questa benevolenza da concedere.

"Nessun luogo mi sembra in Italia più insopportabile e disumano per viverci, di Napoli. Ma se si va a Bagnoli, nel recinto dell'Italsider, è un'oasi."[21] E io lo prenderei in parola Ceronetti, e in quell'oasi ce lo lascerei per un po', per fargli capire la differenza. Dice che a Napoli non va più perché teme per la propria incolumità! Come se la possibilità di essere rapinati fosse minore a Parigi, a Londra o a New York. A Napoli, almeno, il rischio è compensato dall'amabilità degli abitanti, gli hanno fatto notare.

E oggi Beniamino Placido nella sua rubrica televisiva osserva, a proposito delle traduzioni dell'*Antigone* di Sofocle, che lo stesso verso del coro è tradotto da Ceronetti così: "Molte sono le cose che fanno spavento, ma nessuna potrà mai essere più spaventevole dell'uomo". E da Ezio Cetrangolo: "L'esistere del mondo è uno stupore infinito, ma nulla è più dell'uomo stupendo". C'è una bella differenza, scrive Placido, tra "spaventevole" e "stupendo". Ma la parola greca *deinòs* vuol indicare tutt'e due le cose insieme, un sentimento unico che include lo spaventevole e lo stupendo. E questo è più vero e più bello, ma sfugge a Ceronetti.

Vorrei dire a Ceronetti: Guarda che anche Napoli è *deinòs*, spaventevole e stupenda insieme. Ma questo ti sfugge.

A proposito dell'effetto che Napoli provoca in chi non è un napoletano assuefatto e soddisfatto di esserlo, è comunque interessante e istruttivo leggere libri come quelli di Ceronetti, Vertone, Arbasino, Bocca, libri diversissimi ma accomunati dal disgusto: quello apocalittico e quello intellettuale, quello perbenistico e quello civile. Tutti i disgustati di cui sopra mancano in verità di quella certa dimensione dell'intelligenza e dell'anima che secondo me è necessaria per attraversare questa valle di lacrime non come giustizieri ma come prossimo. Tutti mancano di quel minimo di *pietas* che non è tolleranza, ed è indispensabile però per capire chi è l'Altro. Quasi sempre essi descrivono bene, con ironia, con sarcasmo, con intelligenza, (con stile!), le cose che vedono e notano (e che li disgustano). Ma è lecito domandarsi se siano veramente toccati dal disastro che denunciano?

Se si è schizzinosi catastrofici o moralisti a Napoli è meglio non metter piede. Anche la puzza sotto il naso è sconsigliata, ce ne sono fin troppe di puzze. Così, allo stesso modo, se si è schizzinosi catastrofici o moralisti è meglio non viaggiare in qualsiasi paese di antica o antichissima civiltà. Molti vanno a Napoli come se non sapessero dove vanno, pretendendo di trovare, vedere e riportare cose che si sa benissimo non ci possono essere; oppure con l'intento di veder confermate e magari ingigantite quelle che si sa benissimo che ci sono. Come se uno andasse nella civilissima India per trovare le cose che si trovano nella civilissima Svizzera, e poi giudicasse l'India col metro svizzero. Che viaggiatore sarebbe costui? Un viaggiatore deve essere sempre curioso e disponibile, e deve viaggiare leggero, senza bagaglio di pregiudizi. Soprattutto senza un'idea di "come dovrebb'essere il mondo" ficcata nella testa e senza complessi di superiorità.

Oggi i napoletani, per cancellare l'opinione negativa che si va su di loro dovunque consolidando, dovrebbero curare un po' più la loro immagine, magari affidandosi a un'agenzia di pubblicità esperta nel ramo. Impresa non facile, lo riconosco. C'erano riusciti a modo loro De Filippo e anche un po' Marotta, e poi De Sica. Ma oggi le cose sono cambiate, e non credo che basti l'indubbia simpatia di De Crescenzo o di Arbore. Anzi, se debbo dire la verità, quella a volte crea nei maldisposti più napoletanofobia che napoletanofilia. I tempi sono mutati, dovremmo trasmettere un'immagine diversa di noi stessi, meno accattivante e meno prevedibile, meno propensa all'usura canora. Ma per presentarci in un modo diverso dovremmo, come ho detto, pensarci in modo diverso; e potremmo farlo se anche noi rifiutassimo le convenzioni attraverso le quali, per comodità, amiamo rappresentarci. È questa la sfida che gli artisti napoletani in ogni campo dovrebbero affrontare: mettiamo da parte gli stereotipi "sicuri", la vecchia simpatia, e ri-pensiamoci. Senza snapoletanizzarci, però.

Un nuovo libro (postumo) di Sartre, un suo *Viaggio in Italia*, sta per uscire o è già uscito in Francia.[22] Ne leggo sul giornale un'anticipazione, ma i brani riportati non fanno presagire nulla di buono. Napoli "città lebbrosa", e passi. "Napoli è in putrefazione. L'amo e insieme ne ho orrore. E ho vergogna di andare a vederla. Si va a Napoli come gli adolescenti vanno all'obitorio, come si va a un'autopsia. Con l'orrore di essere un testimone."

Come sono melodrammatici questi esistenzialisti. Come sono interessati solo a quello che essi sentono e pensano di sé. E come sono, loro, assurdi. Parlano di obitori e di autopsie come di luoghi dove normalmente *si va*. Com'erano più esatti, più curiosi, più vivi e infine più intelligenti – anche quando inorridivano – i viaggiatori di una volta. Almeno quelli, da Goethe a Stendhal, da Winkelman a Gregorovius, studiavano, avevano contatti, leggevano i nostri scrittori, guardavano le opere d'arte, andavano a teatro. Dopo sono arrivati i cultori dell'estetismo antropologico, gl'innamorati del Mediterraneo, e non gli veniva mai la voglia a questi di andare a trovare Croce o di fare una bella conversazione con Gino Doria. Sempre sole, paesaggi e marchette. Finito questo momento, dopo l'ultima guerra, cosa è rimasto nelle note del viaggiatore? Solo il folklore dello squallore. E Napoli è diventata il luogo deputato del luogo comune.

"Occhio di straniero occhio di sparviero" dicono i siciliani che sono un po' più diffidenti di noi napoletani. Ma io preferisco quest'altro proverbio di Machado, segnalatomi da Geno Pampaloni: "L'occhio che tu vedi non è / occhio perché tu lo veda./ È occhio perché ti vede".

Ancora nella metà degli anni Cinquanta, Guido Piovene poteva nel suo *Viaggio in Italia*[23] scrivere: "Un intelligente francese cui è affidata da anni una missione di cultura da svolgere a Napoli, ha scritto sulla soglia del proprio ufficio: 'Chi non ama Napoli è uno stupido'. E io sono della sua opinione". Di questa opinione oggi non sono rimasti in molti. E così il numero degli stupidi – forse a ragione – è enormemente aumentato. Ma il francese – in un certo senso – non aveva tutti i torti.

Sempre nel suo *Viaggio in Italia* Piovene scrive: "I problemi moderni, di cui bisognava parlare, ci hanno impedito di assaporare l'incanto che Napoli esprime ancora: l'incanto di una straordinaria metropoli, fertile di novelle e di meraviglie, con un unico spirito che, quasi un gas esilarante, circola tra i quartieri popolari e i palazzi dell'aristocrazia".

Ma scrive anche che il cosiddetto "vivere napoletano" è ormai ridotto a una facciata, dietro la quale c'è il vuoto, non solo di cultura ma d'informazione, e se non si cerca di riempire quel vuoto instaurando forme di vita più idonee al mondo occidentale, tutte le predicazioni possono irrompervi. I napoletani stessi si rendono conto di ciò "e quasi tutti sono ondeggianti tra autocritica e autoincanto".

Un napoletano quando rivendica la sua genuina e autentica origine partenopea dice di sé che è *verace*: un napoletano verace. Anche una canzone, un sentimento, una tradizione, o qualsiasi cosa, si dice che è verace per la stessa ragione. Si dice di un polpo che è verace, che le vongole sono veraci. Ma quando un napoletano si fa avanti e lo proclama, si sente più verace di un polpo e di una vongola. È verace e così si piace, anzi si piace perché è verace. E mentre lo dice, ammicca, allude, e gòngola.

Mi dispiace, ma più ti dici verace meno vero sei. Più verace ti dichiari più condizionato ti riveli. Verace vuol dire che sei condizionato fin dal giorno in cui sei nato.

Il nostro passato, la nostra tradizione verace, è un'immensa discarica di rottami dove si aggirano randagi ricercatori di rifiuti ancora adoperabili per questo o quell'uso. E come si danno da fare! Con quale meticolosa perizia riconoscono e tirano fuori questo o quel pezzo da cui sperano di poter ricavare qualcosa. Con quale artistica fantasia sanno inventarsi un loro "bricolage", per creare strani oggetti concettuali che solo qui a Napoli possono essere spacciati con profitto, perché solo qui sono proclamati e lodati, solo qui si trovano collezionisti ed amatori di veracità d'antiquariato.

C'è una storia lenta e una che corre col tempo, è vero, ma Braudel forse non sapeva, forse non immaginava che qui a Napoli la storia lenta è anch'essa verace, ed è perciò lentissima. È come un treno merci stracarico di residuati e sopravvivenze che impediscono con la loro pesantezza i movimenti e le manovre e gli scambi di binari improvvisi e rapidi richiesti dalle più elementari esigenze della modernità.

Ogni forma di sopravvivenza del passato è da noi difensiva, come se volessimo regredire allo stato prenatale, nell'utero materno della nostra tradizione verace, e chiusi in quella, protetti da quella, lentissimamente consumati e corrotti da quella, continuare a sognare senza costrutto. Mentre il mondo va per conto suo, e senza curarsi di noi le cose avvengono, gli eventi hanno corso, gli uomini cambiano, la vita trascorre...

Ha sostenuto Lévi-Strauss in un'intervista che ciò che rende fecondi gli incontri e gli scambi tra culture diverse è proprio la loro diversità: "I benefici che le diverse culture ricevono da questi contatti dipendono in larga misura dai loro 'scarti' (dislivelli) reciproci, ma è anche vero che nel corso degli scambi questi dislivelli diminuiscono fino ad annullarsi". E se questo non lo avesse detto Lévi-Strauss a me sembrerebbe lapalissiano o forse troppo ottimistico. Ma l'intervista prosegue così: "È desiderabile che le culture si mantengano differenti, rinnovandosi certo, ma all'interno della loro diversità. Bisogna cioè che ciascuna cultura offra una certa resistenza nel corso di questi scambi, altrimenti troppo presto non avrà più nulla da scambiare con gli altri".
I napoletani sono europei per cultura ma devono fare i conti con una tradizione locale piuttosto pesante (quella

"verace" e contenta di sé) che deve pur essa rinnovarsi continuamente, perché solo così potrà opporre una "resistenza" creativa venendo a contatto con l'altra cultura. Non si può "resistere", infatti, se non si ha nulla da dire.

Mi sono domandato come mai in un'Italia campanilistica, piena di faide, fazioni e pregiudizi, in un'Italia in cui bastano pochi metri di distanza per creare differenze di mentalità e di comportamenti, con relativi sospetti, animosità, vilipendi, accuse feroci, gelosie, invidie, bassezze di ogni tipo, come mai in un'Italia cosiffatta napoletani e siciliani hanno sempre filato tranquilli senza disturbarsi; come mai non si è creato o inventato nemmeno un epiteto, una barzelletta, un modo di dire, che mettesse gli uni contro gli altri? Eppure le ragioni ci sarebbero state. Il Regno delle due Sicilie aveva come capitale Napoli, e Palermo avrebbe potuto ben sentirsi defraudata di un primato cui avrebbe potuto pretendere per tradizioni e per cultura. Invece, almeno a quel che so, non c'è stato mai tra Napoli e Palermo nemmeno questo tipo di rivalità. Erano particolarmente virtuose? O la ragione sta nel fatto che sia Napoli che Palermo erano (e sono) perfettamente centrate su se stesse, isolate in questa autosufficienza che si estende in ogni campo, e talmente occupate di sé e su di sé imperniate, indifferenti a tutto quel che intorno avviene, da non trovare neppure occasione di scontro tra di loro?

Quando si parla di culture e tradizioni locali in opposizione alla grande cultura occidentale sembra quasi che la scelta debba essere obbligatoria e allo stesso tempo drammatica, in quanto scegliere comporterebbe la perdita della propria più vera identità a favore di un'omologazione esteriore e livellatrice. Ma, si chiede Tzvetan Todorov, è veramente necessario scegliere? È necessario scegliere tra cosmopolitismo e fedeltà a una particolare identità culturale? "Al giorno d'oggi sembra che la seconda opzione attiri soltanto i regionalisti attardati" scrive Todorov "... ma l'identità culturale particolare non si oppone né ai valori universali né ai contatti cosmopoliti." Il pericolo non viene da questi contatti, "viene dal processo di deculturazione che subiamo *all'interno* della nostra stessa società". Perciò, suggerisce Todorov, le due culture, quella cosmopolita e quella locale, possono benissimo svilupparsi in armoniosa convivenza. Così come possono benissimo convivere – io aggiungo – lingua e dialetto, senza darsi fastidio, anzi aiutandosi reciprocamente.

Dobbiamo solo stare attenti a quel processo di deculturazione interno cui accenna Todorov, perché quando una cultura – anche quella locale – si isola e non si arricchisce al contatto con le altre, cade nella ripetizione, si fossilizza e inevitabilmente si corrompe.

Di Napoli oggi si può dire con maggior ragione quel che Pasolini diceva dell'Italia: "Non sta vivendo altro che un processo di adattamento alla propria degradazione".[24]

E non fanno forse parte di questo processo la progressiva assuefazione alla società criminale, all'invivibilità della città, alla indecenza dei servizi, all'inefficienza della classe politica e alla corruzione dei suoi amministratori? E tutto questo non ha a che fare con quel processo di deculturazione interno alla nostra stessa società, di cui sopra?

Da ragazzo ho letto molti romanzi russi, e di quelle letture ancora oggi ho un ricordo vivo e operante. Ma due romanzi mi colpirono allora in modo particolare: *Memorie del sottosuolo* di Dostoevskij e *Oblomov* di Gončarov. Presto mi accorsi che non ero il solo ad aver "scoperto" questi due libri, e che a Napoli molti altri ragazzi della mia età li stavano leggendo. Si sa, esistono letture generazionali, anche perché in un dato momento storico alcuni libri ci parlano più di altri. Cosa trovavamo negli anni '37-'38, gli anni dell'apogeo del fascismo, noi ragazzi napoletani in quei libri? Leggendo sul "Corriere" un articolo di Vittorio Strada mi sembra di averlo capito meglio. Strada si chiede cosa c'è di comune tra due autori e due personaggi così lontani tra di loro, e dice: "Non c'è forse nel pacioso Oblomov una variante di quella segreta malattia che rode in modo convulso l'"uomo del sottosuolo"? Non c'è in entrambe queste figure letterarie uno stesso nichilistico rifiuto della vita del loro tempo, ossia della modernità, rifiuto ispirato da un'autodifesa nell'eroe gončaroviano, ed esasperato dal risentimento in quello dostoevskiano? Non sono forse due ribellioni le loro, atonica ed atarassica l'una, torbida e turbolenta l'altra? Non è la loro storia quella di chi, recisi i legami col mondo, vive chiuso nel proprio tempo interiore, attento al suo inesorabile fluire, osservando l'esterno con un occhio reso penetrante da una radicale negazione, che strania il mondo e lo fa apparire assurdo?".

Quanti napoletani, mi domando, potrebbero corrispondere ancor oggi a questa descrizione?

Il rifiuto della modernità non è solo dell'area mediterranea, come ho scritto. Ci sono nazioni come la Russia, per esempio, che sono state sempre istintivamente, costituzionalmente, in opposizione alla modernità, e proprio aver nominato Dostoevskij e Gončarov – famosi per le loro posizioni antimoderniste – me lo ha fatto pensare. Forse perché la Russia è stata sempre un paese di antica e prevalente civiltà contadina, più che borghese. Anche lì nobiltà e popolo erano le due classi prevalenti: come a Napoli. Questo forse spiega anche certe somiglianze di carattere che alcuni hanno trovato tra napoletani e russi. Ma, a parte queste improbabili somiglianze, è certo che la Rivoluzione Russa e il suo fallimento possono esser visti come l'imposizione forzata della modernità a un paese che da Pietro il Grande a Lenin l'aveva sempre intimamente rifiutata. E in quale altro modo si può spiegare il crollo così improvviso del comunismo per decomposizione naturale del sistema, se non per questa ragione profonda? E quando mai era avvenuta una cosa simile? Anche questa è storia lenta.

Non si tratta, come ho detto, di difendere a tutti i costi un'idea astratta di modernità in ogni luogo e in ogni caso. È vero invece che ogni società si dà la forma che meglio si adatta alla propria situazione storica e geografica, e giustamente questa forma di vita tende a preservare. Il guaio comincia là dove, vuoi per vicinanza geografica, vuoi per altre ragioni, si creano degli ibridi mostruosi di vecchio e di nuovo. Lo vediamo in molte nostre città del Sud e anche a Napoli, quando un antico squallore mai scomparso si unisce e si confonde con uno squallore sopravvenuto, "moderno".

Molto spesso l'atteggiamento autoreferenziale dei napoletani è difensivo, è il rifiuto della responsabilità richiesta dalla modernità. Assumersi questa responsabilità significa far fronte, coi mezzi e con le tecnologie adeguate, ai problemi pratici e anche spirituali di una società che vive nel presente e non nel passato, significa impadronirsi culturalmente e praticamente di quei mezzi e quelle tecnologie, adattandoli a sé e alla propria situazione. Significa, per noi napoletani, fare uno sforzo per rendere normale la nostra città senza farle perdere il suo carattere, e arrestare la degenerazione della nostra società civile prima che arrivi al punto di non ritorno.

Sta molto spesso dalla parte della ragione chi ragiona sulle inadempienze di Napoli e del Sud d'Italia. Ma stare dalla parte della ragione non significa aver sempre ragione, per lo meno qui, quando si parla dei problemi che ci sono cresciuti addosso, problemi secolari e inestricabili. Sta dalla parte della ragione chi dicesse a un arabo o a un israeliano che è meglio convivere nella pace anziché nell'odio e nel sangue; ma non avrebbe ragione, perché vai a dire a un arabo o a un israeliano che è meglio convivere, eccetera... Ti riderebbe in faccia.

È chiaro insomma che questa ragione è troppo ragionevole rispetto all'assoluta irrazionalità della realtà arabo-israeliana. Bisogna entrare dentro questa irrazionalità – l'irrazionalità della storia lenta – e percorrerla tutta, patirla nella propria carne e nel tempo della propria vita, subirne i condizionamenti e la coazione e i riflessi sul proprio carattere e tutto il resto, per poterne capire la portata, la sua non compatibilità con la ragionevolezza.

E tuttavia bisogna insistere, oltre ogni ragione, per superarla.

Avere un presente significa anche aver compreso (e dunque giudicato) il proprio passato. Chi non lo ha fatto, chi non lo fa continuamente, non può dire di vivere nel proprio tempo e non potrà che dare una forma falsa alla propria vita, al proprio mondo spirituale. L'Italia di oggi, questa Italia dei misteri, l'Italia delle stragi non attribuite e dunque non punite, dei delitti senza colpevoli e dei morti invendicati, non ha un presente, non può averlo, perché non ha avuto il coraggio e l'ostinazione di far luce sul proprio passato recente e lontano, dalla strage di Portella della Ginestra a quella di Piazza della Loggia, della stazione di Bologna, dell'Italicus; dall'assassinio del bandito Giuliano fino a quelli di Dalla Chiesa, Falcone, Borsellino, e tanti altri. Non aver fatto luce su questi misteri italiani, non averli giudicati, ha contribuito alla crescente disgregazione civile del nostro paese, al decadere dei valori e della speranza, alla sfiducia nello stato di diritto. Non si può vivere decentemente in un paese in cui non si viene mai a capo di nulla, e dove la verità è sempre nascosta, occultata.

Ogni efferatezza da noi è così stata rimossa. Ma le rimozioni col tempo si pagano, vengono fuori in altre forme. Quando l'inconscio rimosso comanda su di noi non possiamo sentirci liberi. E infatti chi non riesce ad esorcizzare i propri fantasmi portandoli alla superficie della coscienza ne viene turbato e perseguitato, a volte fino al punto di perdere la propria identità, o di ammalarsi. Dai malati affetti da queste turbe psichiche non si possono attendere reazioni normali, e quando agiscono nella società essi preparano il mondo degli assassini. Ecco perché il rapporto con la propria memoria è un problema molto serio per tutti i popoli.

A Napoli il rapporto sbagliato o distorto o connivente con la nostra memoria storica e la nostra tradizione fa sì che "tutto quello che avrebbe dovuto sparire ancora sopravvive", in mille modi, fino a permeare ogni aspetto della vita, a determinare i comportamenti delle persone, gli atteggiamenti e l'idea che ognuno ha di sé. Questo è il risultato di quella rimozione della conoscenza che porta a camuffare e mitizzare il proprio passato e a vivere il presente non posseduto come irrealtà.

In questo mio taccuino io parlo e mi riferisco quasi sempre all'immaginario collettivo, perché la storia lenta racchiusa in quell'immaginario collettivo è più forte della storia rapida che insegue i fatti giorno per giorno. La storia lenta si nasconde e resiste; gli individui, quando sono in grado di farlo, possono anche camminare spediti sulle loro gambe vincendo ogni resistenza. Pochi riescono a farlo, però.

L'idea di un passato "glorioso" è anch'essa entrata nell'immaginario collettivo dei napoletani e non l'abbandona. Glorioso? Io non credo che, conoscendolo, quel passato si possa davvero definire glorioso. È un passato di servi dominati da padroni sempre diversi. E quando si dice Svevi, Normanni, Angioini, Aragonesi, Spagnoli,

Austriaci, Francesi, non si parla di Napoli e dei napoletani, si parla di occupanti e di occupati. Napoli e i napoletani hanno grande esperienza di occupazioni, sono stati un crocevia di occupazioni internazionali, in questo senso sono cosmopoliti. Per questo quando arrivarono gli eserciti di occupazione alleati, soprattutto gli americani, ci fu un sussulto di vitalità, e tutti corsero in soccorso del vincitore. I napoletani sentirono che era arrivato il loro momento.

Tra i tanti occupanti ci vogliamo mettere gli italiani di Garibaldi? Questo lo pensano ancora molti soci anziani dei Circoli Nautici. Tra i tanti occupanti gli italiani non sono forse stati i peggiori, ma certo non hanno migliorato le cose, dicono alcuni. No, sono stati i peggiori, dicono altri: Non c'è peggiore disgrazia che essere occupati dagli italiani. E sognano il Regno del Borbone, Lauro e Franceschiello...

"A Napoli c'è una sola cosa che non muore: la misera ombra del suo passato", scrive Gustavo Herling nel suo *Diario scritto di notte*.[25]

E in realtà non è poi, a pensarci, un passato di cui si dovrebbe essere tanto fieri: quei re lazzaroni, quella plebe onnipresente, quella borghesia inesistente... Una storia di oppressione da una parte, di servilismo dall'altra, che solo raramente ebbe qualche sprazzo di eroismo e di orgoglio. Una storia che non dovrebbe esaltarci tanto, se la considerassimo solo dal punto di vista delle virtù della stirpe, perché ci fornì una rivoluzione plebea finita nel ridicolo e nel grottesco (con quel Masaniello e sua moglie, paludati nelle vesti sfarzose ricevute in dono dalla regina, che dicevano di amare tanto il loro re); e una rivoluzione borghese fallita per velleità ed infondato idealismo, eroica certo, ma più ancora patetica (con quella retorica neo-classica dei Bruti e dei Catoni in mezzo alle turbe urlanti dei lazzaroni).

Ridotta ai suoi elementi strutturali la situazione a Napoli si ripete puntualmente. E c'è sempre un Novantano-ve in atto: quel tentativo di rivoluzione si è rivelato un archetipo nella storia della città. C'è sempre la stessa plebe vincente, la stessa borghesia perdente, sempre un re o un potente che si allea con la piazza e la blandisce per rafforzare il proprio potere, sempre alla fine la sconfitta della ragione.

E c'è sempre un cardinale Ruffo di turno, che avanza tra il plauso della folla a passi forzati contro ogni ragionevole speranza di progresso, contro ogni discreto tentativo di modernità. Il cardinale Ruffo è nell'inconscio di questa città, sempre atteso come un liberatore, e risorge sempre con nomi diversi, da quello di Lauro a quello dell'ultimo pubblico elargitore di appalti e assistenza.

– È perché siete come siete e siete sempre stati, che oggi siete ridotti così. È perché siete come siete e vi compiacete di essere, che avete la società più criminale. È perché siete come siete, che dovete essere sempre assistiti. È perché siete come siete, che non producete e dunque non avete sviluppo. È perché siete come siete, che sarete sempre gli stessi.

– Ma come si fa a non essere come si è?

– Non lo so, è affar vostro.

– E come si potrebbe voler essere come non si è?

– Non lo so, è affar vostro.

– E se siamo come dite che siamo, ed è ineluttabile che siamo, che cosa si può fare contro tale ineluttabilità?

– Non lo so, non mi riguarda, è affar vostro.

– Ah, è affar nostro? Ma allora è perché siamo come siamo e siamo sempre stati, che siamo ancora qui. È perché siamo come siamo e ci piace di essere, che siamo preparati a tutto. È perché siamo come siamo e siamo sempre stati, che abbiamo pratica di catastrofi e vi passiamo attraverso. E come sopravvivemmo alla peste e al colera, alle eruzioni e ai terremoti, alla sovrappopolazione e alla miseria, alla disoccupazione alla camorra agli assassini alla droga, così sopravviveremo anche al disastro presente e a quelli futuri. Nel nostro essere come siamo ci sono più possibilità di essere, e di tornare ad essere, di quante voi non possiate immaginare.

– Sì, ma perché parlate sempre di sopravvivere e mai di vivere?
– Perché presto vivere sarà un lusso riservato ai pochi. È meglio che i molti imparino a sopravvivere.

Ogni paese ha il suo Sud, e c'è un Sud del mondo che non necessariamente, ma molto spesso, si identifica col Terzo Mondo.

Anche Napoli ha il suo Sud nel cuore stesso e nelle viscere della città, un suo Sud che la condiziona e la fa diversa: la plebe. Si sono sempre riversati qui, in questa città, nel corso dei secoli, eserciti di villani provenienti dalle disastrate campagne meridionali per sfuggire alla fame e alla morte lì incombenti. A Napoli per lo meno c'era il pane, quello non poteva mancare, per paura delle sommosse. E così arrivavano, a migliaia, e Napoli non poteva chiudere loro le porte in faccia, non poteva scaricarli, come è tentato di fare ogni Nord col suo Sud. Napoli ha praticato, forse senza nemmeno volerlo, la morale della solidarietà, una solidarietà pelosa, perché la città non aveva, non ha mai avuto, strutture adeguate per accogliere questi dannati della terra. Li ha accolti come ha potuto, nel corso dei secoli, incorporandoli man mano e metabolizzandoli, fino a fonderli nella propria fisiologia, nella propria identità. Ma così facendo ha messo a repentaglio la sua esistenza, ipotecato il suo avvenire, è diventata per sempre una "città malata", è diventata la carta assorbente di tutte le disgrazie del Sud. Napoli poteva offrire a questi diseredati solo la mitezza del suo cielo e la carità dei preti e dei frati; una precaria sopravvivenza, certo, non un lavoro. Accogliendoli come li ha accolti nel corso dei secoli Napoli ha dovuto assorbire sempre più tutte le risorse materiali e spirituali delle province e del regno, vivere alle loro spalle. E più quelle si impoverivano per sostenere le spese della Capitale, più le campagne diventavano luoghi orrendi e invivibili, più gli immigrati aumentavano per numero e disperazione. Era un circolo vizioso da cui Napoli non trovò mai la via d'uscita. E così il problema della plebe è diventato immane, e anche se poi si è trasformato, anche nelle forme che ha preso oggi, è diventato un dato inseparabile dalla città. Un problema non risolto, forse irrisolvibile.

Ecco perché, come ha scritto Cuoco, "la nazione napolitana si potea considerare come divisa in due popoli, diversi per due secoli di tempo e per due gradi di latitudine". E la Fonseca Pimentel non parlava di una parte della popolazione "la quale fintanto che una migliore istruzione non l'innalzi a vera dignità di popolo, bisognerà continuare a chiamare plebe"?

E infatti continuiamo a chiamarla così.

Certo molte cose sono cambiate da allora, e dunque anche le condizioni della plebe, ma non ancora fino al punto di poterla "innalzare a vera dignità di popolo".

L'omologazione tentata dalla borghesia dopo la Rivoluzione del '99, che cercò di trasformare il plebeo nel napoletano di Di Giacomo e di Eduardo, durò e produsse i suoi effetti fino alla fine dell'ultima guerra, fino al 1945. Nel dopoguerra, con gli Americani, il mercato nero, la corruzione, il contrabbando e poi con la speculazione edilizia che stravolse ogni ricordo della città precedente, la plebe si adeguò alla situazione, ne approfittò, e riprese il sopravvento.

Plebe e consumismo formano oggi una miscela ad alto potenziale esplosivo. Napoli è diventata la città di questo consumismo camorristico. Un flusso di danaro cattivo, di cattiva provenienza e incapace di produrre sviluppo, è servito solo a rimescolare le acque prima stagnanti, e tutta la melma del fondo è venuta su con la mentalità, il gusto, l'esibizionismo e l'attivismo dei nuovi ricchi. È questa la Nuova Plebe, la Plebe Rampante, che ha trasformato un passeggero benessere in volgarità, in bruttezza, in criminalità.

Oggi i napoletani della "napoletanità", di quella civiltà e di quel *savoir vivre* che appartengono alla tradizione e allo spirito della Città Nobilissima, sono ormai una minoranza rispetto ai tre milioni e mezzo di abitanti della Megalopoli. Gli altri, i più, non sono i napoletani di una volta (quelli di Di Giacomo e di Eduardo), sono i post-napoletani di oggi, Plebe Rampante o Campani Urbanizzati.

"*Loud, loquacious, abundant, natural, happy... she reflects at every turn the wonderful mixture that surrounds her...*" scrive Henry James della Serao,[26] e quella "*wonderful mixture*" che la circonda è proprio lo spirito della napoletanità che parla per lei. E poi dice: "*This lady, full of perception and vibration... must be supposed to pretend but little to distinction of form*", cioè che questa signora piena di una vibrante sensibilità si cura poco, però, di quelle questioni formali che erano invece tanto importanti per lui; ed è questo il difetto, direi, del "*naturalismo paternalistico*" prevalente nella narrativa meridionale. Dice ancora James che i personaggi della Serao sembrano vivere "*for nothing and in the void, to no gain of experience*", cioè in una realtà immobile, che non presuppone uno sviluppo né un "*gain of experience*", cioè una crescita interiore. E infine: "Non è la passione che provano i suoi personaggi a renderli interessanti, ma sembra che siano gli stessi personaggi a trovare molto interessanti le proprie passioni"; ed è questa "recita" tutta napoletana del sentimento che li indebolisce, a giudizio del grande romanziere.

In una lettera ad Edith Warton, ricordando una gita fatta a Posillipo, James parla di "*splendour and style and heroic elegance*" del luogo. Mi sono domandato cosa esattamente significhi "*heroic elegance*", e quale aggettivo userebbe oggi James.

Heroic si adatterebbe bene al vecchio Palazzo Donn'Anna, che resiste eroicamente al tempo e alle intemperie, alle sue mura corrusche corrose dal sole e dalla salsedine. Ma chi le riconosce più? Un intonaco livido e smorto copre le pietre di tufo della parte anteriore della facciata, mentre un'altra parte, quella laterale, è stata lasciata più o meno nello stato in cui era, e così l'abuso privato ha deturpato un pubblico bene, una cosa qui di normale amministrazione. Oggi Palazzo Donn'Anna si trova nelle stampe e nelle *guaches*, in qualche disegno, nei quadri dei pittori dell'Ottocento e, soprattutto, in quelli di Gaetano Esposito che vi abitò, e che ne era talmente geloso da venire alle mani con ogni pittore da lui sorpreso col cavalletto a riprenderlo. Si trova in una bella fotografia di Alinari che conservo per ricordo, in qualche vecchia cartolina illustrata, o evocato nelle pagine di qualche libro. Non si trova più, nello stato in cui era fino a pochi anni fa, davanti al mare di Posillipo.

Ha seguito la sorte di tutte le cose che furono qui malamente manomesse.

Non lo nomina espressamente ma è certo di Palazzo Donn'Anna che parla Melville, il grande Herman Melville, nel suo *Diario Italiano* del 1857: "Meraviglioso palazzo antico in rovina a Posillipo. Palazzo sul mare. La strada: ville, grotte, case estive, scoscendimenti, torri. Tale una profusione e un intrico di grotte, di macchie, di gole, di ville in collina, che c'è bisogno di un certo tempo e di una certa pazienza per districare questo groviglio di bellezza".

L'idea che l'occhio dell'autore di *Moby Dick* si sia posato sulle pietre di Palazzo Donn'Anna dove io, cent'anni dopo, avrei letto il suo libro, aggiunge qualcosa di mitico a questo palazzo, da me talmente mitizzato che quasi non lo riconosco più quando lo rivedo.

E anche allora, quando nello specchio di Marechiaro vedevo quell'altro palazzo (che fu la villa di Vedio Pollione) ormai ridotto ad uno scheletro di tufo e che chiamano il "Palazzo degli Spiriti", mi pareva di scorgere, nello stadio più avanzato di consunzione di questo palazzo, il presagio di come sarebbe diventato nel tempo il mio Palazzo Donn'Anna. E il senso della rovina finale di tutte le cose si insinuava nello splendore della bella giornata.

"Nessuno mente più dell'indignato" ha scritto Nietzsche. Ed è vero, a che serve l'indignazione se non a cavarsela con poco? Soprattutto a Napoli. Vale più partire dall'accurata constatazione e dall'attenta analisi dei dati di fatto, che non dall'indignazione. Più che essere indignati è preferibile capire bene come avvengono le cose che ci indignano, per impedire che avvengano ancora.

Tutta la loro analisi sui mali della città consiste in questo: nel deprecare il Sole e il Mare come se fossero due numi avversi, nel negare ad essi ogni minimo accenno di poesia, perché "nostalgico"; e nell'opporre a tutto questo l'Ombra del Vicolo e un Sano Odio Purificatore. Non si accorgono che opporre risentimento a sentimento, atteggiamento ad atteggiamento, la recita dell'Odio alla recita dell'Amore, non serve a capire granché né a guarire la città dai suoi mali. La loro violenza verbale nasce dal rifiuto emozionale della realtà. E d'altra parte il protagonismo umorale qui è molto apprezzato, ha un suo pubblico, è ben pagato dal giornale.

L'autoreferenzialità che si nutre di se stessa porta alla complicazione sterile, non alla complessità vitale. Quando si parla di Napoli si entra fatalmente in quel "discorso su Napoli" continuamente ripreso dai napoletani (anche da chi polemicamente dice di rifiutarlo), quel discorso che invece di approdare alla conoscenza – unico modo per incontrarsi col divenire e col trasformarsi – aiuta a restare sempre se stessi in una sopravvivenza immobile, paludosa, accidiosa, contenta di essere un residuo del passato pur di non cambiare.

Chi parla di Napoli – e questo dunque vale anche per me – si sente come un equilibrista sul filo, rischia sempre di essere attratto e precipitare nel vacuo "discorso su Napoli". Verrebbe la voglia di risolvere la cosa con un taglio netto decidendo una volta per tutte che il discorso su Napoli è improponibile e irrilevante, coi tempi che corrono. E che occorre partire dai tempi che corrono per arrivare poi a Napoli.

Avviene molto spesso a Napoli che la denuncia diventi essa stessa il male che si vorrebbe denunciare. E questo sia per il modo con cui la denuncia è fatta (certi sdegni, certe enfasi là dove occorrerebbe precisa analisi e freddo rigore, sono ben intonati alla retorica partenopea), sia per l'uso spettacolare che se ne fa. Questo tipo di denuncia è molto frequente e, come ogni falsa opposizione, serve solo a perpetuare lo stato di cose esistente. È un'altra forma di quel rispecchiamento che è parte costitutiva dell'immobilità napoletana.

Qui a Napoli ci sono molti disoccupati, ma una disoccupazione preoccupante è anche quella del pensiero. Dopo Croce non si riesce a sapere gran che di quel che si pensa a Napoli. Comunque anche i disoccupati del pensiero qui si sono organizzati, come quegli altri, e così ci sono organizzazioni di pensiero pensante occupato a pensare manifestazioni, convegni e rassegne; pensiero organizzato e assistito. Solo una piccola minoranza – irrilevante, senza potere e senza pubblica sovvenzione – pensa disinteressatamente. Ma sono in pochi, troppo pochi rispetto al fabbisogno.

Per pensare disinteressatamente, a Napoli, bisognerebbe pensare contro la politica esistente. Senza un brusco, autentico risveglio morale, senza un'autocritica dura e spietata rivolta a tutti i topos della consolazione cittadina, non si arriverà a pensare veramente. Bisogna mettere da parte la paternalistica bonomìa dei napoletani eminenti, l'atteggiamento di cinica saggezza che li caratterizza, la propensione di ogni napoletano alla rassegnazione e all'assuefazione, la tendenza ad essere accomodanti. Non è più permesso essere accomodanti. Bisogna invece trovare, nell'angoscia e nella tensione morale di chi merita un futuro migliore di quello che gli sembra riservato, la forza di ricominciare a pensare.

I napoletani nella maggioranza sono "brava gente", sono "brave persone"; ma questa brava gente e queste brave persone hanno scarso orgoglio, poca o nessuna civile passione, sopportano tutto e non reagiscono mai in nome di un principio o di un ideale. Col tempo queste brave persone si sono appiattite sempre di più, si sono quasi confuse con quelle che brave non sono. L'immobilità vera di Napoli è questa: Che nessuno reagisce a nulla, e tutto continua a degradare nell'indifferenza di tutti. Nessuno scrive sui muri, come avviene in questi giorni in Sicilia, dopo l'assassinio di Falcone e Borsellino: "Digiuno perché ho fame di giustizia". Nessuno scrive: "Giro per Palermo e cerco di scoprire gli angoli della giungla per capire dove stanno le belve". Saranno pure frasi ad effetto, ma fanno sentire che dietro c'è l'inizio di una rivolta morale, e non la solita nostra confusa sommossa plebea.

– Secondo te Napoli è davvero un problema insolubile, come dicono?
– Ci sono tanti problemi insolubili nel mondo, mettici anche Napoli.
– Secondo te siamo arrivati a un punto di "non ritorno", come dicono?
– Ma perché ti preoccupi di queste cose?
– Di che cosa dovrei preoccuparmi?
– Di come va il mondo. Mi pare più utile e più interessante.
– Ma non ti dispiace pensare che mentre il mondo va per la sua strada forse tutto è perduto per la nostra città, perduto per sempre?
– No, anzi lo desidero. Quando tutto è perduto si vede tutto finalmente com'è.
– Guarda che se a Napoli l'ottimismo è stupido, il pessimismo è vile.
– Ma perché, tu speri ancora in qualcosa?
– Io spero in un'insurrezione delle coscienze.
– In un'insurrezione? Non farmi ridere. Di' piuttosto una resurrezione. Non lo vedi che sono tutte morte?

Con chi parlano oggi i napoletani se non con se stessi? Cosa dice Napoli al mondo? Cosa comunica col linguaggio che usa? A chi può interessare quello che dice? C'è qualcosa che potrebbe dire e che invece non dice?

Sono domande che, in qualsiasi modo siano formulate, mi ritornano sempre indietro come un'eco da uno spazio vuoto. C'è un grande giornale che però non riesce a varcare la cinta della città per diventare un giornale nazionale, grandi editori i cui libri sono diffusi in prevalenza solo nell'area meridionale, ci sono convegni, conferenze, seminari, tavole rotonde, che restano però sempre nell'ambito degli addetti ai lavori, senza incidere nella società civile, ci sono mostre bellissime che però non smuovono nulla e una volta inaugurate, applaudite e riverite, sono passate e basta. Ci sono prime al San Carlo di livello internazionale, ma ci vanno solo i napoletani. Ci sono spettacoli e rappresentazioni teatrali che, se dicono qualcosa – e lo dicono soprattutto per la bravura degli attori –, la dicono solo in dialetto, per tenere i napoletani fermi nel loro automatismo psico-sentimentale. Che altro? Sono molto rari i libri che dicono qualcosa di nuovo dal punto di vista letterario, per come sono costruiti o per come sono scritti, mentre il maggior successo lo hanno quei libri che confermano agli altri lo stereotipo che gli altri hanno di noi, uno stereotipo fabbricato a Napoli. Non ci sono forme di aggregazione nella società, o tra i giovani, che si manifestino con idee e iniziative, o che si riconoscano in una rivista di cultura comunque capace di generare speranze o energie. Insomma, cosa dice Napoli di sé, cosa dice Napoli che può interessare il mondo, ovvero gli altri? A volte quando ci penso mi si presenta invariabilmente l'immagine di qualcuno che cammina per una strada affollata e parla da solo ad alta voce, e tutti gli passano accanto senza curarsi di quello che dice.

Una grande povertà di rapporti sociali, di occasioni d'incontro, di punti di riferimento che possano catturare ed incanalare l'indubbia vivacità intellettuale della città e le sue potenziali virtù. Un'assenza dalla scena italiana dove si dibattono i grandi problemi della nazione malata, inclusi quelli di Napoli e di tutto il Meridione. Un silenzio sulle analisi, le cifre, i dati, le accuse, i sarcasmi, le invettive, che la nuova cultura anti-meridionale va accumulando su di noi. Un silenzio rassegnato, una mancanza di reazioni preoccupante.

Ma perché gli intellettuali napoletani se ne stanno zitti ogni volta che vengono tirati in ballo o provocati? C'è stato un intellettuale napoletano, uno scrittore, che abbia risposto nei termini giusti e soprattutto nello stile letterario adeguato – perché conta molto, in questi casi – alle critiche di Bocca o di Vertone, ai sarcasmi di Ceronetti o di Arbasino? Anche questa capacità di risposta testimonia della vivacità di una cultura. Preferiscono dedicarsi alle solite polemiche metropolitane o personali, senza mai tirar fuori la testa per vedere cosa si dice "fuori", di Napoli o di loro. E perché hanno permesso che a parlare delle questioni più importanti della città fossero soltanto i personaggi politici, affaristi di questo o quel partito, quando si sa bene che una cultura veramente viva non può essere appannaggio dei politici, ma dev'essere arricchita dall'immaginazione, dalle idee, dal linguaggio e dallo spirito critico degli intellettuali? Così facendo gli intellettuali napoletani non hanno abdicato alla loro funzione, non dimostrano la loro inesistenza, non rimangono prigionieri di quel "discorso su Napoli" che, fatto nei loro termini, è solo una specie di circolo vizioso che non porta in nessun luogo?

– Ma che dici? Napoli è una città intellettualmente viva e vivace, mostre, convegni, altroché!
– Eh, sì. Una mostra del paesaggio, una sul Caravaggio, un convegno su Mallarmé, uno su Averroè...
– Ebbè, che male c'è?
– Poi esci dalla mostra e dal convegno e ti ritrovi con sdegno in una strada così lontana dalla cultura (a causa della lordura) che inevitabilmente sei portato a pensare: Ma non sarebbe meglio, in nome della cultura, cominciare prima a pulire il vico e poi ad occuparsi del Vico?

Che aria di chiusura tira su questa città. Ma dove sono andate a finire la disinvoltura, il *bon ton*, la raffinata ospitalità, la conversazione, le camicie mandate a stirare a Londra (eh, sì, anche quelle!), voglio dire quell'eleganza particolare, dal vestito alle maniere, così tipicamente partenopea, che faceva di Napoli una Capitale sia pure decaduta? Dov'è andata a finire la città cosmopolita molto più di tante città italiane, e quella pacata civilissima sorridente signorile cordialità? E i Circoli, i caffè, dove si parlava di quello che succedeva con ironia e intelligenza e allegria? Mi è capitato spesso, oggi, di partecipare a diverse cerimonie ufficiali dove si dava convegno la cosiddetta classe dirigente. Da dove erano venute fuori quelle facce?

E quell'aria burocratica, impacciata, che gravava tra gli invitati, quelle ossequiose presentazioni, quei convenevoli assessorili, quei sorrisi da portaborse, quelle vanità ministeriali, quelle mogli senz'uso di mondo, quelle battute di spirito avvilenti, quei vestiti pretenziosi e smandrappati... Ogni volta non ho potuto fare a meno di provare un senso d'imbarazzo. Eppure lo scenario di questi riti era superbo, memore di ben altro fasto, di ben altro stile: il Teatro San Carlo, i saloni di Palazzo Reale, le stanze e i giardini di Villa Pignatelli...

Sì, è vero, c'è l'Istituto per gli Studi Filosofici, diretto da Gerardo Marotta, e se non ci fossero quelle stanze del Palazzo Serra di Cassano a Monte di Dio, quanto meno accogliente mi sembrerebbe Napoli quando ci arrivo!

E c'è la cittadella murata del Suor Orsola Benincasa, un altro centro di attività culturali, e l'Istituto Orientale, l'Istituto Francese di Grenoble, la Facoltà di Teologia... ma non entrano mai nel vivo del dibattito politico in corso, né incidono veramente sulla società civile... Insomma non possono cambiare l'aria che tira in città, che è sempre piuttosto stagnante.

A Napoli la vera identità negata è quella illuminista, fin troppo affermata è quella dialettale. Ogni tanto un po' di illuminismo "nobilissimo" con il cerimoniale adeguato, serve a ristabilire l'equilibrio e a ricomporre l'immagine della città rendendola più presentabile.

Questo illuminismo manda messaggi simili a quelli dell'arte concettuale, che si esprime con gesti e rappresentazioni capaci di produrre eventi. Un evento è certo il restauro dell'Arco Trionfale di Alfonso d'Aragona restituito ai napoletani in tutto il suo splendore. Un evento è "Monumenti Aperti" che apre al pubblico per qualche giorno ben duecento tra chiese e monumenti che prima non era possibile visitare. Questi messaggi, caricati di tutta la loro valenza simbolica, dicono: Vedete com'è ricca di opere d'arte la vostra città? Lo sapevate che era così importante? Ne siete orgogliosi? Capite come dovrebbe presentarsi sempre, e non solo per pochi giorni?

Così la Fondazione Napoli 99, diretta da Mirella Barracco, cerca di risvegliare la coscienza civile e l'orgoglio cittadino. E a giudicare dalla partecipazione della gente sembra che ci riesca meglio di qualsiasi altro tipo di iniziativa culturale. A Napoli i gesti dicono più delle parole.

Scrivo questo mio taccuino buttando giù in fretta note e impressioni come un viaggiatore di una volta che arrivava a Napoli senza saperne granché, e appuntava così le sue osservazioni sul carattere della città e dei suoi abitanti. Sembra talvolta anche a me di venire da lontano e di guardare con gli occhi di quel viaggiatore la mia città. E vista da lontano mi sembra di notare cose che mi sfuggivano quando ci vivevo dentro e la vedevo da vicino. Sbaglio oggi o sbagliavo allora? Essere dentro e fuori mi dà forse qualche vantaggio, mette in azione quel processo di straniamento di cui parlava Sklovskij, che dovrebbe giovare allo scrittore e all'osservatore, e io cerco di approfittarne come posso. Inoltre questa mia condizione mi farà perdonare, io spero, qualche punto di vista troppo azzardato o del tutto errato.

"Pensare per non pensarsi" diceva il mio amico Valentino Bompiani. Dovrebbero abituarsi a pensare anche molti napoletani che occupano tutto il loro tempo disponibile a pensarsi.

Per cominciare a pensare non c'è niente di meglio che un quotidiano salutare esercizio di relativismo. Questo vale per tutti, ma più ancora per i napoletani.

Una sensazione che ognuno ha provato stando all'estero per qualche tempo e guardando alle cose d'Italia, è quella di avvertire un po' meglio l'irrealtà della nostra vita pubblica a tutti i livelli. Colpisce, soprattutto, la sproporzione tra il rilievo dato dai nostri giornali a una quantità di fatti e avvenimenti che risultano totalmente irrilevanti o addirittura incomprensibili se visti da Parigi, Londra o New York. Non facciamo notizia perché non accade niente di notevole da noi, veramente niente. E poiché la nostra vita vista da fuori sembra fatta di avvenimenti che in realtà sono niente, e noi ci stiamo ogni giorno dentro a questo niente, il pensiero che nuotiamo in un mare di niente fino a sembrare niente noi stessi non è certo confortante. Questa sensazione moltiplicata per cento si prova qualche volta pensando da lontano a Napoli, città che vive da troppo tempo fuori del tempo.

A proposito di pregiudizi, quelli su Napoli – quelli favorevoli e quelli sfavorevoli – sono di una ovvietà sconcertante, e automatici come i riflessi di Pavlov. Quasi sempre depongono male più per chi li prova che per chi ne è oggetto. Accade spesso infatti che l'enfasi sulla propria identità coincida con la denigrazione dell'identità altrui, che la propria cultura venga definita in negativo attraverso la svalorizzazione della cultura altrui. Questo è un segno di debolezza e favorisce, appunto, il pregiudizio.

Devo ammettere però che non è facile guardare Napoli senza pregiudizio, e questo vale sia per i napoletani che per i non napoletani, perché Napoli ne sembra avvolta come una cipolla, che se la sfogli tutta non resta più nulla.

Per guardare Napoli senza pregiudizio bisogna saperla accogliere e saperla rifiutare, esserne affascinati ed esserne respinti, guardarla da dentro e da fuori. Bisogna essere duttili, lievi e duri. E intelligenti soprattutto. Di quella speciale forma d'intelligenza che consiste nel sapere che tutto è relativo, perché tutto va rapportato ad altro.

Ricordava Furio Colombo in un articolo di aver domandato ai suoi studenti americani se essi percepivano la differenza tra gli italiani delle varie regioni della penisola. E quasi tutti avevano risposto che no, che essi individuavano un solo tipo di italiano, il cui carattere era riconoscibile in quanto italiano e basta. E del resto ognuno di noi ha fatto esperienza, mentre era in viaggio all'estero, che i turisti italiani, per esempio, non si distinguono tanto perché meridionali o settentrionali, ma perché italiani, tutti con gli stessi comportamenti così ben rappresentati nei film di Alberto Sordi. Più che nelle occasioni ufficiali è nelle occasioni spicciole, è al ristorante, in treno o in comitiva, che gli italiani celebrano l'unità d'Italia, superiore in questi casi a tutte le disunità regionali, di mentalità, di tradizione, di cultura e d'incultura. La vera unità d'Italia, quella che sempre prevale, è l'unità comportamentale.

L'immagine che in generale i settentrionali hanno dei napoletani corrisponde perfettamente a quella che gli stranieri hanno di tutti gli italiani in blocco (senza distinzioni tra meridionali e settentrionali) visti tutti come macchiette, mafiosi, tenori o divoratori di spaghetti. Non trovano i settentrionali odiosa, riduttiva, offensiva e alla fin fine stupida questa semplificazione quando è applicata a loro da uno straniero? Beh, altrettanto odiosa, riduttiva, offensiva e alla fin fine stupida ogni onesto napoletano trova questo tipo di semplificazione quando è applicata a lui da un settentrionale.

Quando leggo, ne *La disunità d'Italia*[27] di Bocca, che "Napoli non è più il nome di una città ma di un problema irrisolvibile"; quando leggo che di fronte ai mali della città e di tutto il meridione malavitoso "si devono chiamare in causa in primo luogo la società civile e gli intellettuali del Mezzogiorno"; quando leggo che "Napoli si chiude in sé perché sente che non sa uscire da sé, che ogni cosa che tenta finisce nel peggio", io non so dargli torto perché l'ho pensato molto spesso anch'io, e l'ho scritto in questo taccuino. Ma ho pensato anche che l'irrisolto problema di Napoli si iscrive nell'irrisolto problema italiano, e con maggiore incisività lo evidenzia, perché tutto a Napoli si presenta sotto il segno dell'esasperazione. Quante volte l'Italia ha tentato di risolvere i suoi problemi per diventare una nazione moderna, una società alla pari con le altre società avanzate, e quante volte c'è stato un ostacolo, una fatalità, una malattia e insomma "qualcosa" che lo ha impedito? Non si deve chiamare in causa anche per l'Italia la società civile e i comportamenti che la contraddistinguono? Non è vero, anche per l'Italia, che non sa uscire da sé, dai propri vizi, dalle proprie abitudini, dai propri "misteri", non è vero anche per l'Italia che ogni cosa che tenta finisce nel peggio? L'irrisolvibilità del problema italiano dovrebbe aiutarci a capire l'irrisolvibilità del problema Napoli.

Alla stazione di Mergellina, mentre faccio il biglietto e mostro la mia Carta d'Argento col nome e cognome, l'impiegato allo sportello legge e poi rivolto a me con un sorriso: "Siete lo scrittore della bella giornata?".

Sorrido anch'io per la definizione e gli dico di sì. Dopotutto non mi dispiace, anche se so che a Napoli la bella giornata (cioè la Natura, il mare, il paesaggio) non gode di molta considerazione presso gli intellettuali, che preferiscono la brutta nottata (se passa, non passa, quando passa, e così via...). La bella giornata è considerata nostalgica e regressiva; la brutta nottata invece realistica e progressiva.[28]

Perché penso di aver avuto a Napoli un'infanzia e un'adolescenza felici, quando poi quel tempo tanto felice non fu? Forse perché complessivamente fu felice, o perché, visto da oggi, lo immagino come non fu? O perché – come credo – quella felicità Napoli me la suggerì? Napoli o Posillipo, la città o la Natura? Comunque, aver avuto un'infanzia e un'adolescenza felici, o solo pensarlo, è per me meglio che pensare il contrario, perché questo mi libera dal lamento e dalla rivalsa, da ogni fastidiosa richiesta di risarcimento, e mi mette in buona disposizione col mondo. Nel libro *La neve del Vesuvio* ho cercato di raccontare la mia infanzia attraverso una serie di momenti illuminanti. Ma non erano troppo "luminosi"? Non ho nascosto a me stesso i lati oscuri di quell'infanzia, che pure conosco? La mia "buona disposizione" non potrebbe anche essere il limite di questo libro? E senza la mia buona disposizione lo avrei mai scritto? Domande da cui nascono altre domande...

– Lo sai perché dici di aver avuto un'infanzia felice anche se forse non l'hai avuta così felice come credi? Perché sei un nostalgico. Uno che vagheggia il passato e lo abbellisce nella memoria. Non ti dispiace essere definito lo scrittore della bella giornata? Ma quella giornata era bella perché sei un nostalgico.

– Vuoi dire che era bella perché l'ho abbellita? Che l'acqua del mare non era così chiara, che il cielo non era così limpido, e così via?

– Proprio questo. Io non amo i nostalgici.

– E io non amo i risentiti. Sono tristi e deplorano. Non amo la loro pesantezza, la loro indifferenza alla bellezza.

– Lo sapevo, non solo nostalgico sei. Sei anche un cultore della bellezza. I cultori della bellezza credono che questa esista come un privilegio solo ad essi riservato.

– Ecco la morale del risentimento, è molto diffusa oggi. Nasce dal bisogno di vendicarsi del supposto privilegio di un altro.

– E da cosa nasce la tua nostalgia e il tuo amore della bellezza?

– Non credo come l'Idiota che "la bellezza salverà il mondo", ma che potrebbe forse salvarci dall'assuefazione al brutto, dal *disincanto*, stabilendo un punto di riferimento, un termine di paragone indispensabile per ritrovare il significato dei luoghi che amiamo, e in esso la nostra identità e le ragioni del nostro operare. Oggi la funzione del "nostalgico" è quella di ripetere ostinatamente ai disincantati com'era pulito il mare quand'era pulito, com'era bella la giornata quand'era bella, e com'era vivibile la città quand'era vivibile.

Com'era chiara l'acqua a Posillipo quand'era chiara, non è la domanda di un nostalgico, perché la chiarezza di quell'acqua è simbolica, è un momento creativo della memoria che invoca una possibile rigenerazione.

Nostalgia è una parola che coi tempi che corrono sta cambiando di segno. Non è più la parola "romantica" di una volta, almeno per me, e non significa più quello che significava una volta. È una nostalgia che serve ad armare la memoria contro la rassegnazione, è un combustibile per alimentare la non assuefazione. È una nostalgia che sa, realisticamente sa, che mutate sono e degradate le città, le coste, i fiumi, i paesaggi, mutati e degradati i cieli, i mari, le terre, e che la volgare assuefazione dei non-nostalgici trova normale questa catastrofe. Contro questo disincanto impugno la mia nostalgia, e non dico soltanto che qualcosa di molto importante, di essenziale, è andato perduto per tutti, ma cerco di farlo rivivere come posso con le parole. Così come mi piacerebbe far rivivere con le parole la trasparenza di un'acqua chiara.

Quando il napoletano di una volta cantava a piena voce il mare di Napoli e la sua armonia, si sentiva al centro del proprio mondo, e il cielo, il mare, le stelle, rispondevano – come nella canzone – alla sua voce, gravitando intorno a lui. Si sentiva così anche l'uomo occidentale, quando in lui, nella sua cultura, era ancora vivo il senso della *totalità*. Quella totalità che s'infranse tra l'Ottocento e il Novecento, o come vogliono alcuni anche prima. Allo stesso modo in cui s'infranse il senso della totalità, il senso cioè dell'unità del mondo e della coscienza, nella mente dell'uomo occidentale (e anche la letteratura lo rifletté) così nell'immaginazione del napoletano s'infranse l'unità del *suo* mondo. Solo che la totalità, l'unità del mondo e della coscienza, a Napoli aveva caratteristiche proprie e io l'ho chiamata appunto Armonia, un'Armonia che quando si ruppe fu recitata.

A proposito de *L'armonia perduta*[29] molti hanno visto nel titolo di questo libro soltanto la nostalgia di un'Armonia che nella realtà non c'era mai stata. Ma l'Armonia è per me anche un concetto, una chiave, una cartina di tornasole, di cui mi servo per interpretare la natura della civiltà napoletana e la sua particolare qualità. Mi fossi messo a vagheggiare, rimpiangendolo, un immaginario passato armonioso, capirei la confusione tra l'Armonia perduta e un'Armonia presunta. Ma io parlo di un passato di lacrime e sangue, di un'orribile cannibalesca guerra civile, e mi servo del concetto di Armonia per condurre una critica alla borghesia meridionale e alla classe dirigente. Si può non essere d'accordo sulla mia analisi per il modo in cui è condotta, ma non si può confondere un atteggiamento critico con uno nostalgico, o peggio, retorico.

"L'inferno" di Bocca

Ho letto *L'inferno*[30] di Bocca con sentimenti contrastanti di adesione e di fastidio, spesso concordando nel giudizio e spesso discordando per il tono giudicante. Sarebbe stato meglio che lo avesse scritto uno di noi, un meridionale, questo libro. Non solo perché è un buon libro, polemico e rampognoso quanto occorre, ma anche perché il silenzio accomodante degli intellettuali e scrittori meridionali rispetto a ciò che è accaduto e accade nelle nostre regioni è veramente preoccupante.

Se un libro del genere lo avesse scritto un meridionale, forse quelle doti di pazienza, umiltà, sopportazione, allegria, ingenuità, gentilezza, disponibilità, immaginazione, ironia, umanità, fantasia, dolcezza e soprattutto coraggio di vivere, che pur appartengono alla gente del Sud e che ancora autorizzano nonostante tutto qualche speranza, sarebbero anche quelle venute fuori, rendendo meno infernale l'inferno. Invece lo ha scritto Bocca, con molta intelligenza e poca "simpatia".

Fa parte di questo atteggiamento il suo modo di presentare il Sud come una realtà uniforme e omogenea, mentre invece – gli hanno fatto osservare – il Sud è una realtà varia e variegata, a macchie di leopardo, con zone ad elevato sviluppo e qualità di vita. Bocca lo sa e lo dice anche, ma poi fa sua la domanda: Perché queste macchie di leopardo non fanno mai un leopardo? E spinge noi a domandargli: Perché non descrivi mai una di queste macchie, diciamo così, positive, con lo stesso vigore con cui descrivi tutto il resto? Insomma è l'aspetto unilaterale del suo libro che vorremmo sottolineare, e il fatto che non si può giudicare una mentalità restando, come fa lui malgrado ogni sforzo contrario, barricato all'interno della propria.

Bocca ha espresso più volte la convinzione che i valori, i veri valori si trovano solo nelle società che producono e competono, e che qualsiasi società per progredire dovrebbe obbedire alla logica del profitto. Scrive che "respingere l'ossessione del profitto è lodevole cosa, senonché poi resta da risolvere quella banale faccenda del ventisette del mese, e quell'abitudine di passare a ritirare lo stipendio dallo Stato o dalle aziende che hanno fatto i profitti per darlo".[31] L'ironia di Bocca non considera però abbastanza che la logica del profitto richiede talvolta enormi sofferenze per chi è costretto suo malgrado a subirla. Il neocapitalismo stesso, che di quella logica è figlio, ha dovuto per sopravvivere temperarla e renderla meno aggressiva con opportuni ritocchi. Perché la logica del profitto può pretendere di essere fino a un certo punto una legge economica, ma mai una legge morale. E poi una cosa è la *logica* del profitto e un'altra è la *mentalità* che ne deriva, sempre un po' gretta e chiusa nella strenua difesa del proprio egoismo.

Bocca ha comunque avuto il merito di far arrivare alla coscienza della pubblica opinione, anche di coloro che sapevano in quale baratro stava precipitando la società civile del Meridione, il senso e la gravità di questa catastrofe. Una catastrofe immane per il Sud, ma anche per tutta l'Italia. Lo ha fatto troppo tardi, quando il suo avvertimento era stato in qualche modo superato dalla realtà, ma lo ha fatto. Forse senza volerlo è diventato il rappresentante dell'insofferenza del Nord verso un certo Sud, e ha spiegato e divulgato meglio di ogni altro le ragioni di questa insofferenza. Lo ha fatto in un anno terribile per il Sud, in un 1992 iniziato con il sequestro di Farouk Assan in Sardegna e proseguito con l'assassinio di Falcone e Borsellino e dei loro uomini di scorta, in Sicilia. In un anno in cui la misura è sembrata colma persino ai più indifferenti dei meridionali. E dunque Bocca ha fatto opera utile e meritoria, gli va riconosciuto.

Certo *L'inferno* è il libro di un giornalista e ne ha le caratteristiche. Vi si trovano episodi, dati, informazioni in grande quantità, forniti dall'esperienza diretta o riferiti per sentito dire, che danno un quadro impressionante (un po' troppo impressionante) della degradazione della società e del senso civico dei meridionali. Vi si trova un'analisi malumorosa, ma non priva di passione, dei *meccanismi* che producono l'inferno descritto, ma non vi si trova una spiegazione convincente delle *cause*, quelle misteriose e profonde, che hanno prodotto quei meccanismi, e che forse solo "la luminosa prosa" di un grande scrittore, per sua stessa ammissione, potrebbe fare intravedere. Chissà cosa avrebbe scritto Bocca se fosse stato mandato al confino nello stesso paese lucano in cui fu spedito Carlo Levi, e avesse usato gli stessi criteri e lo stesso punto di vista di questo suo libro, per raccontare la vita di quel paese!

Per tutto quanto ho detto, perciò, uno come me che ama la terra dove è nato ma ne riconosce il male oscuro, leggendo il libro di Bocca prova solo un senso di disperazione impotente di fronte a quel male, che oscuro rimane, ma sarebbe meno oscuro se fosse stato illuminato da un'analisi meno sgomenta.

Lo sgomento di Bocca viene denunciato sin dall'inizio, nelle pagine dove parla del suo primo incontro col profondo Sud. Non a caso questo avviene con la visita a un lebbroso e con l'ingresso in una locanda dove vede la "donna cagna" e la "donna gatta". Si sente subito l'incompatibilità tra l'autore e un paese così estraneo anche se così puntigliosamente e appassionatamente osservato, una incompatibilità che non potrà mai essere superata e sarà presente in tutto il libro. Si capisce subito che quel Sud, malgrado tutta la buona volontà dell'autore, sarà sempre per lui un enigma e un mistero. Bocca fa degli sforzi incredibili per addentrarsi in quell'enigma e in quel mistero, che alla sua natura razionale sembra inaccettabile ed obbrobrioso, si accanisce per diradarlo e a volte quasi sembra che ce la faccia. Ma in realtà quella incompatibilità lo accompagna sempre e diventa in molti casi incomunicabilità e perfino incomprensione. Però la strenua lotta che egli fa per capire ("non è facile capire" scrive a più riprese) lo assolve in qualche modo della ripugnanza istintiva che lui prova di fronte a tanti aspetti della degradazione e miseria meridionali. E questo si avverte anche quando – come nel caso di Tano, il bambino cameriere – è preso da un moto di pietà. Insomma si crea tra lui e la realtà da lui osservata una specie di circolo vizioso, ma il bello del libro e la sua drammaticità vengono proprio da questo. E anche la sua ingiustizia, perché, malgrado l'intenzione dell'autore, anche questa si manifesta in più modi. Lui parla, nel capitolo sulla Sicilia, di eroi da esaltare e di mafiosi da esecrare, ma si domanda: la gente comune, quella che subisce e patisce, gli onesti del Sud "perché non capiscono che vivere come vivono non è vita?". E subito dopo aggiunge: "E magari qualcuno di noi cede al sospetto di un peccato originale". Quel sospetto che i meridionali più arrabbiati chiamano razzismo, facendo arrabbiare Bocca. Ma come dovrebbero chiamarlo?

Non è mai facile spiegare perché in certe regioni del mondo le situazioni si bloccano e incancreniscono e durano al di là di ogni possibile ipotesi razionale. Perché nei Balcani si ripropongono sempre le stesse divisioni e gli stessi odii, perché nel Libano dopo tanti anni di un'agiata pace di tipo svizzero è accaduto quel che è accaduto, perché in Palestina... Analizzando queste situazioni a nessuno verrebbe mai in mente di tirar fuori il vittimismo, il piagnisteo o il peccato originale, come fa Bocca per il Sud. Si potrebbe anche qui parlare di storia lenta, dei suoi improvvisi rigurgiti e imprevisti soprassalti, o di altre fatalità che colpiscono i popoli e le nazioni. Esistono anche queste fatalità, che condizionano gli individui e le società. Delle fatalità della storia non ci si può liberare come fa Bocca in questo suo libro, quando dice: Anche noi abbiamo avuto in Lombardia la dominazione spagnola, ma a noi non ci hanno ridotto come hanno ridotto voi, non ci sono riusciti con noi, con voi sì... Sottinteso: dunque noi siamo migliori. Ma si potrebbe rispondere: Senza vostro merito, e appunto per una storica fatalità, voi poi avete avuto la dominazione austriaca che vi ha dato un'amministrazione modello, tanto che ve ne sono rimasti i benefici ancora oggi. La vostra fatalità è stata più benigna della nostra. E così via... Questo però non lo diremmo a scarico di responsabilità, ma solo per far capire che la realtà è complessa, e non si tratta di giudicarla facendo il conto dei buoni e dei cattivi.

Quando nel libro parla di assistenzialismo Bocca sa benissimo, e spesso lo dice, che se nel Sud esiste un forte assistenzialismo passivo, un assistenzialismo non meno forte e forse maggiore, anche se meglio mascherato, esiste al Nord.

Ma sa anche che la vera differenza tra Nord e Sud non è tanto l'assistenzialismo quanto la produttività. E Saverio Vertone scrive[32] a questo proposito che il Sud dopo aver lasciato andare in rovina la propria agricoltura, dopo aver lasciato spopolare le campagne per esportare manodopera

103

nelle fabbriche del Nord, dopo aver distrutto le proprie città, il proprio territorio e l'ambiente naturale con un abusivismo diffuso e frenetico, dopo avere col consumismo trasformato la propria arretratezza in degrado civile e morale, oggi vive soltanto di due entrate non produttive: il trasferimento di danaro pubblico e di quello derivante dal traffico della droga. Danaro pubblico e danaro sporco. Può una qualsiasi società vivere di questo, può essere consumista senza essere produttiva? È chiaro che un sistema sociale così fondato non può reggere ed è destinato a corrompersi e a crollare, ciò che sta avvenendo. Tale è l'analisi di Vertone ed è questa forse la ragione di tutte le storture e deformazioni umane e sociali descritte ne *L'inferno* di Bocca. (Ma Vertone nella sua analisi ha dimenticato che il Sud oggi vive anche delle rimesse dei lavoratori emigrati nel Nord d'Italia e all'estero – danaro pulito, quello, e sudato. E non ha aggiunto che il problema italiano è proprio questo: che tutto il paese – anche se in misura diversa – ha consumato più di quanto produceva.)

Qualcuno ha detto che nel libro di Bocca si sente spesso "un ascolto malvagio". Ma io non credo che sia così, né che il suo ascolto sia più malvagio della situazione da cui nasce. Credo che Bocca faccia bene a riferire quello che ascolta, se gli pare che ne valga la pena. Un'inchiesta giornalistica – e tale è *L'inferno* – dopotutto è fatta di ascolti di questo tipo. Ciò che invece a parer mio va sottolineato è che l'assommarsi di tanti ascolti, malvagi o no, offusca l'analisi e fa cadere l'autore e il lettore in una selva di particolari, di episodi, di notizie, di indiscrezioni, illazioni, supposizioni, ora rilevanti ora no, che confondono le idee e provocano con la loro uniforme intonazione negativa una specie di umor tetro nel lettore e mugugnoso nell'autore. Rimane poi il sospetto che se si fa la domanda giusta all'interlocutore giusto e nella giusta situazione, si ottengono le risposte giuste, cioè quelle che corrispondono a una nostra consapevole o inconsapevole tesi precostituita. Questo lo dico per criticare il metodo più che la sostanza del libro, perché la progressiva disso- luzione del senso civico e della società civile meridionale è indubitabile, è sotto gli occhi di tutti, ed è forse peggio- re di quella che Bocca raccoglie dalla viva voce dei suoi interlocutori.

Non ci vuol niente a costruire un piccolo inferno nor- dico con materiali e notizie di cronaca tutte settentriona- li, usando lo stesso metodo di Bocca. Mi ci provo:

P.M., giovane settentrionale di belle speranze, ha biso- gno di soldi per la vita che fa, ragazze, macchine, discote- che. E allora un bel giorno decide, con l'aiuto di due ami- ci, di uccidere il papà e la mamma. Il papà, colpito, non ce la fa a morire, rantola. E P.M. lo finisce con due o tre colpi di spranga ben assestati sul cranio. Poi se ne va a ballare e non ci pensa più. Quando viene preso e condan- nato non si pente, e quando è in prigione riceve una quantità enorme di lettere di giovanotti e ragazze delle sue parti che applaudono al suo gesto perché, dicono, la pensano come lui e sono come lui, e si dichiarano a lui so- lidali. P.M. diventa un eroe, uno che rappresenta le aspi- razioni di molti ragazzi, e il suo sarebbe un qualunque fatto di cronaca nera se non si fosse creata intorno a lui questa solidarietà rivelatrice. Forse è la mentalità del pro- fitto che, distorta, provoca queste mostruosità. La stessa mentalità che deve aver guidato i padroncini di una pic- cola impresa del Nord in cattive acque, che hanno seque- strato – imitando i banditi dell'Aspromonte – tre bambi- ni, e chiesto un riscatto ai genitori. Una volta presi co- minciano a piagnucolare, a dire che quei bambini li han- no trattati bene, senza fargli mancare nulla, e che hanno dovuto rapirli perché non sapevano come aggiustare al- trimenti i loro conti in rosso. Tutto regolare insomma, era per loro una questione di bilanci da quadrare, di contabilità, e chi ha la mentalità del profitto queste cose può capirle.

Devo continuare con le stragi del sabato sera o coi killer del cavalcavia? Non è difficile, sommando un fatto all'altro, creare la persuasione in chi legge che lassù, dove Bocca situa il Paradiso, c'è invece l'Inferno. Ma sarebbe un falso. Allora cos'è che non va? È l'atteggiamento che non va, è la tesi precostituita, è il metodo. Poi, certo, la realtà è quella che è, a volte Inferno, a volte Purgatorio e quasi mai Paradiso.

Ma Bocca dice: Non è la somma degli episodi che conta al Sud, è che questi episodi fanno parte di un sistema che è infernale perché ha inghiottito tutta la società civile, ne ha distorto la morale e i comportamenti; mentre invece al Nord la società civile esiste, produce e tira avanti, e a volte perfino, come sta accadendo, si oppone al sistema e lo contrasta. E qui non gli si può dar torto, anche se oggi, dopo la morte di Falcone e Borsellino, ci sono molti segni che indicano come anche in Sicilia e al Sud la società civile comincia a muoversi e a reagire.

Cos'è che fa diversa la denuncia di Bocca da quella di tanti meridionali e meridionalisti che più o meno hanno detto le stesse cose? È che Bocca, da bravo giornalista e con qualche impennata da scrittore, è riuscito in molte pagine del suo libro a rappresentarli e a drammatizzarli questi aspetti del Male Meridionale, a farli vivere e agire davanti ai nostri occhi (come ad esempio nel capitolo sui Gattopardi di Palermo), a rendderceli insopportabili come sono insopportabili a lui. Ci ha fatto insomma diventare spettatori di noi stessi e delle nostre miserie anche col rischio di "fare spettacolo". E questo gli va riconosciuto. Ci ha fatto sentire frasi pronunciate a mezza voce, segnali sibillini, gesti da interpretare, ci ha descritto luoghi, ambienti, persone, volti di una società chiusa, che è lontana dal diritto e lo calpesta ogni giorno, per costume, per sistema, per condizionamenti; ci ha messo davanti a fatti, trame, storie, raccontate con una scrittura aspra e risentita dove sembra che l'insofferenza moltiplichi la percezione, e che alla fine risulta molto efficace.

E qui verrebbe da chiedersi: per quale ragione, nonostante le denunce e le inchieste e l'evidenza terribile dei fatti non si è mai progettato nulla, da parte dello Stato Italiano, per risanare le piaghe storiche delle regioni meridionali; perché non c'è stata mai una vera Politica Nazionale, e anzi proprio la politica ha fatto precipitare la situazione fino a creare quell'inferno sociale che lui descrive?

La ragione è che in Italia, a causa del consociativismo partitico e corporativo instauratosi in questi decenni, era in vigore un sistema ancora peggiore dell'Inferno meridionale, che ne è solo una conseguenza. Si spiega così non solo l'indegnità (storica) della classe dirigente meridionale, ma anche la distrazione (storica) di quella nazionale in tutt'altre faccende affaccendata, l'indifferenza con cui l'Italia – anche quella virtuosa di Miglio e di Bocca – ha lasciato andare alla rovina in tutti questi anni la Sicilia, la Calabria, la Campania, senza fare nulla per impedirlo, senza nemmeno accorgersene, come se tutto avvenisse in un altro continente, in un altro mondo, perduto a causa – appunto – di un peccato originale incancellabile, e di cui meglio era dimenticarsi.

Anche questo, io credo, andava considerato e meritava un'analisi più approfondita di quella fatta da Bocca. Perché il suo Inferno si iscrive in un Inferno Italiano che anche il Nord ha contribuito a creare, e che certo rende più infernale l'Inferno Meridionale. E addirittura forse quest'Inferno non ci sarebbe stato se l'altro Inferno non l'avesse reso possibile.

Mi scuso di adoperare anch'io la parola Inferno, perché a me questa parola non piace, mi sembra definitiva ed arrogante. Comprendo tuttavia l'ira la passione il disgusto che si sentono in questo libro e in questa parola che lo intitola, perché indignarsi è giusto quando l'ingiustizia prevale. Ma la mancanza di *pietas* che è in questa parola, e che si riflette nell'autore, a volte mi stupisce. Sembra che Bocca passi attraverso il Sud a cavallo, come ci passò Nino Bixio, anche lui uomo integerrimo ma spietato, e costituzionalmente, geneticamente direi, più propenso a giudicare (e a giustiziare) che a capire quello che vedeva. Perché si capisce anche in modo simpatetico, per simpatia come capiva Carlo Levi, europeo e "grande-borghese" di spirito e di cultura. A Bocca manca questa *simpateia* e questa larghezza di idee, e il suo disdegno e la sua insofferenza, le sue idiosincrasie, sembrano molto spesso derivare da un dato caratteriale che si situa prima di ogni giudizio. E così, per contrasto e senza volerlo, Bocca parallelamente disegna anche il ritratto e la mentalità "piccolo-settentrionale" del suo probabile lettore medio del Nord, e che tante volte pare anche sua, dell'onesto "provinciale" che lui dice di essere.

Bocca scrive: "Tutto ciò che schiaccia e insanguina le nostre esistenze è cosa che umilia e addolora anche noi e ci dà il diritto di scrivere questa comune vergogna". Ma si rende conto lui stesso di essere stato a volte unilaterale o di aver esagerato, e perciò dice di aver voluto denunciare solo il male, perché il bene è ovvio che ci sia. Ma nell'Inferno non c'è posto per il bene: come può essere *ovvio* che il bene ci sia? Dice che il suo è un giornale di bordo e non un'inchiesta sul Sud, e non aspira dunque alla completezza. Dice che il suo è il resoconto di un viaggio dichiaratamente e volutamente di denuncia in un paese "sgangherato ma amato". Ma il risultato è che il suo libro ha rafforzato quelle che la Lega ritiene le sue buone ragioni contro il Sud parassitario e malavitoso, e ha attizzato il fuoco di quell'altro Inferno che sono i pregiudizi del Nord verso il Sud.

A noi che non siamo della Lega, a noi che ci sentiamo Italiani nati nel Sud di questo paese, con tutta la responsabilità morale e civile che questo comporta, questo libro dice molte cose che forse sapevamo già, che è duro sentircele dire da un Italiano nato nel Nord, ed è stato bene – terapeutico – sentirci dire coi toni bruschi usati da Bocca. Perché le cose dette da uno che ci vede con lo sguardo di un allobrogo, come Bocca stesso si definisce, acquistano proprio per questo una forza ed una concretezza capaci di scuotere quella specie di assuefazione cui tanto spesso, per "quieto vivere" o per disperazione, noi indulgiamo.

Quanto a me, l'ho detto, io non credo che esista l'Inferno, non ci ho mai veramente creduto, perché non credo che esistano luoghi senza speranza dove la condanna è assoluta, eterna e senz'appello. Forse, essendo meridionale sono più tollerante di Bocca e certe spietatezze mi sono sconosciute, fanno parte di una morale calvinista che non mi appartiene e non mi piace.

Preferisco pensare perciò che il titolo *L'inferno* voglia far capire fino a che punto è grande la pena che alle popolazioni del Sud è stata inflitta dalla Storia e dalle tante fatalità della Storia, dagli uomini venuti da fuori e dai meridionali stessi. E dunque, anche al di là delle intenzioni dell'autore, quel titolo potrebbe esser letto come polemicamente esortativo: liberatevi finalmente dalla fatalità che vi perseguita e da una condizione che non meritate e che voi stessi considerate intollerabile.

È sempre possibile farlo, dato che "i popoli e le culture non conoscono né Inferni né Paradisi, perché, se Dio vuole, non conoscono la Morte".

* * *

Viaggiando in Calabria, nei pressi di Crotone, all'inizio di questo secolo, George Gissing sente venire dai campi il canto di un contadino, un canto malinconico, simile a una nenia o a un lamento, che gli arriva dritto al cuore, e gli detta queste parole:

"Razze brute si sono gettate, una dopo l'altra, su questa terra dolce e gloriosa; la sottomissione e la schiavitù sono state attraverso i secoli il destino di questo popolo. Dovunque si cammina si calpesta sempre terreno che è stato inzuppato di sangue. Un dolore immemorabile risuona anche attraverso le note della loro vivacità. È un paese stanco, pieno di rimpianti, che guarda sempre indietro attraverso le cose del passato; banale nella vita presente e incapace di sperare sinceramente nel futuro [...] Commosso da queste voci che cantavano nei campi, sopra la polvere di Crotone, chiedevo perdono di tutta la mia stupida irritazione, delle mie critiche sconvenienti. Per quale motivo c'ero venuto, se non perché volevo bene a questa terra e a questa gente? È legittimo condannare i dirigenti dell'Italia, quelli che s'incaricano di plasmare la vita politica e sconsideratamente la caricano di pesi insopportabili. Ma fra la gente semplice che vive sul suolo italiano, uno straniero di passaggio non ha nessun diritto di coltivare sentimenti di superiorità nazionale, di

110

indulgere a una sprezzante impazienza. Questo è segno di volgarità turistica."[33]

Capire "per simpatia" (o sentimento) non vuol dire essere tolleranti o sentimentali, tutt'altro. E mi rendo ben conto che oggi, dopo tutte le trasformazioni sociali e del costume intervenute nelle regioni meridionali, una simile disposizione dell'animo è un esercizio difficile, più di quanto non fosse per Gissing o per Carlo Levi, per Comisso o per la Morante, per Piovene o Pasolini. A Napoli, però, è stato sempre indispensabile capire così, a cominciare dal grande Goethe, e basta leggere il suo *Viaggio in Italia* per esserne convinti.

In questi giorni sono usciti due libri, *La galleria*[34] di Burns (che avevo letto nel '47, quando apparve nelle librerie), e *Napoli 44*[35] di Lewis (solo ora tradotto). I due libri descrivono dal vivo Napoli sotto l'occupazione alleata, ed hanno questo in comune, che i due autori, americano uno, inglese l'altro, vedono entrambi e capiscono "per simpatia".

Anch'io nel lontano 1944 mi aggiravo per le strade affollate di quella Napoli. È un anno che è impossibile dimenticare, non solo a causa dei bombardamenti, della guerra, del mercato nero e di tutte le altre calamità, ma perché in quell'anno fatale accadde a Napoli qualcosa che raramente accade nella storia di una città. Accadde che di colpo saltarono completamente tutte le barriere morali e tutti i codici di comportamento senza più alcun freno inibitorio, e in una specie di imbarbarimento generale, stranamente liberatorio e "felice" anche nell'orrido, tutto divenne possibile. Nessuna legge fu più rispettata, prevalsero gli istinti, e il corpo, con tutte le sue richieste, voglie, desideri, sogni, fu pronto a comandare. Le passioni esplosero tra vinti e vincitori, oppressi ed oppressori, al di là di ogni differenza di razza, di mentalità e di lingua, e si stabilì una complicità perversa, un'attrazione fatta di odio e di amore, una furiosa e sfrenata promiscuità dovuta forse alla vicinanza del fronte, alla morte sempre presente, al contrasto tra una civiltà antica e quasi pagana, e una giovane, violenta e puritana.

Mentre tutto questo accadeva il nordico occhio azzurrino di Norman Lewis, ufficiale dell'Intelligence Corps, osservava, registrava, indagava, e "per simpatia", senza mai abbandonare contegno e distacco, *capiva*. Nelle pagine del suo libro *Napoli 44* Lewis ci racconta senza batter ciglio e, direi, con una specie di epica distanza le imprese rocambolesche dei ladri: "Hanno scalato i bastioni del Castello di Castellammare, sede del comando della Field Security per l'Italia, hanno smontato le ruote di tutti i mezzi e se le sono portate via saltando giù dalle mura alte dieci metri. Nonostante le sentinelle all'entrata e quelle di ronda all'interno... L'operazione è stata portata a termine in cinque minuti circa, con facilità irrisoria". E tutto questo è per Lewis uno "sfoggio di audacia e di ingegnosità", oltre che una mascalzonata. Allo stesso modo ci parla dello "spettacolo di un carro armato in avaria abbandonato a Porta Capuana, che nonostante non si vedesse mai nessuno toccarlo con un dito, si dissolse giorno dopo giorno come se la sua corazza fosse stata di ghiaccio, finché non ne rimase più nulla". Ci fa incontrare marescialli dei carabinieri in lotta contro lo strapotere della camorra, nobili spiantati, ruffiani, prostitute con l'aspetto di madri di famiglia e prostitute bambine, poliziotti saggi e poliziotti corrotti, assassini, capi briganti, preti, sedicenti contesse, maliarde, spose di guerra dal passato dubbio, e un indimenticabile avvocato e confidente, Vincente Lattarulo, che se ne sta a letto tutto il giorno perché, per i digiuni cui è costretto dalla miseria, non ha la forza di tenersi in piedi, e che però conserva intatta la sua dignità. Con questo Lattarulo Lewis stabilisce una curiosa amicizia fatta di comprensione, di delicatezza e – appunto – di una accuratamente nascosta "simpatia". È lui, Lattarulo, il vero trait-d'union tra Lewis e Napoli, è lui che a poco a poco lo introduce con garbo e ironia ai misteri della città e gliene rivela l'anima nascosta, e lo fa così bene che alla fine l'inglese ne è suo malgrado conquistato. Lo vediamo gradualmente "napoletanizzarsi" fino a cogliere l'arrivo della primavera nel grido triste del venditore di fave (*'A fava fresca...!*), fino ad apprezzare l'*acqua ferrata* (dal forte sapore di ferro) che l'acquaiuolo attingeva alla sorgente di Santa Lucia e vendeva in un orcio per la strada, o *lo spasso*, i semi di zucca esposti sulle bancarelle insieme ai ceci abbrustoliti. E tanto si napoletanizza l'inglese che alla fine i superiori lo trasferiscono, perché forse pensano che si stia familiarizzando *troppo* con l'ambiente. È dunque il suo capire "per simpatia" il filo segreto che regge tutto il libro e trasforma il suo diario di quei giorni in un romanzo di formazione sui generis.

Lo stesso tipo di "simpatia" volta alla conoscenza è nel libro di Burns, *La galleria*, ma qui il tono non è discreto arguto e ironico come quello dell'inglese, è invece dichiarato, a volte gridato fino al pathos. Si sente che per Burns l'incontro con Napoli è l'esperienza che lo segnerà per la vita, una vita che non sarebbe durata a lungo, perché morì suicida sei anni dopo aver scritto questo libro. A Napoli Burns scopre che "nell'amore, nella luce del sole, nella musica e nello spirito della vita, l'Italia possiede qualcosa che al resto dell'umanità sciaguratamente manca"; scopre che "qualcosa di questa nobile e cortese maestà" sopravvive in molta parte della popolazione; scopre la bellezza e il mistero della lingua, la dolcezza e la violenza del sesso, e

poi la passione, la fedeltà, il tradimento, il pianto, la malinconia, le canzoni, il melodramma, la grazia di uno scugniz-
zo e quella di una "segnorina" troppo truccata; scopre tutto questo, e per tutto questo, scrive: "A Napoli il mio
cuore si spezzò, e non fu per una ragazza, ma per un'idea".
Si spezzò perché a Napoli venne meno in lui quel senso di
superiorità con cui era giunto in Italia. "Nel 1944 in Italia
restai come annientato, e mi sentii ad un tempo rinascere
in quel paese tragico e a quattro dimensioni... Dopo un po'
che ero a Napoli capii che l'America è un paese come gli
altri con maggior ricchezza materiale e più perfezionati si-
stemi di rubinetteria"... "A Napoli io, e con me molti altri
americani, abbiamo imparato che nessuno per se stesso e
in se stesso è migliore o peggiore di un altro." A Napoli
venne meno in lui la superiorità del vincitore sul vinto. E il
vincitore, come accade, si accorse di essere stato conquistato. E perciò scrive: "Napoli?... la possiedo o è lei che
possiede me?".

E perciò ha ragione Emilio Cecchi quando scrive di
Burns: "Un americano che ha capito assai, e che ci compensa di tanti altri che hanno capito poco o niente".

Ha capito assai perché anche lui, come Lewis, ha capito "per simpatia", che è una qualità, ovvero una forma
più sottile, dell'intelligenza.

Un altro che ci compensa di tanti che hanno capito poco o niente, è Massimo Cacciari. Dice[36]: "Una delle ragioni che mi fanno amare quest'ambiente napoletano è proprio la sua disperata ironia, questo totale disincanto che è
ormai giunto a una disperata ironia. Ti guardano con suf-
ficienza, gli sei simpatico... ma tu non sai!, non puoi sapere!, in realtà non c'è niente da fare. Questo però non diventa accidia o negligenza, ma provoca appunto una ri-
cerca culturale molto appassionata, anche molto alta, ma
totalmente disperata. E questa disperazione si esprime

bene, perché non si esprime con alti lai, si esprime con ironia, questo è fondamentale [...] questo è un elemento che appartiene certamente all'ethos di questa città".

Cacciari viene spesso a Napoli, frequenta l'Istituto di Studi Filosofici, discute di teologia alla facoltà di cui è decano Bruno Forte, incontra all'Orientale il gruppo che si è formato intorno a Biagio Di Giovanni, insomma partecipa attivamente alla vita culturale della città, e tutto questo lo ha aiutato a capire meglio il suo spirito e il carattere dei suoi abitanti.

"... il napoletano elabora una intelligenza della sua disperazione che gli consente in qualche modo di sopravvivere. Quando un milanese raggiunge la disperazione diventa un perfetto idiota, è pronto per il suicidio: è l'unico gesto intelligente che gli rimane [...] come uno scandinavo, un abitante di Stoccolma [...] Il napoletano no, a Napoli la disperazione circola dovunque, ma non è mai gridata, mai. C'è sempre l'ironia che la corregge: per dirla con Seneca, 'humanius est deridere quam deplorare' [...] questo è proprio Napoli, questo è proprio il meridionale come lo era Seneca, il vero mediterraneo [...] 'mai deplorare' è anche il tratto spagnolo di Spinoza. Se proprio dobbiamo darci a qualche passione, diamoci alla passione della derisione, dell'ironia [...] ma mai deplorare."

E tutto questo, sia detto per inciso, a me sembra molto diverso dal "piagnisteo" di cui sono così spesso accusati i meridionali, anzi è proprio il contrario. Forse il "piagnisteo" è – quando il caso lo richiede – una recita, e non l'intima, vera natura del napoletano. Cacciari lo ha capito bene.

"Quello che più riconosco e apprezzo nei napoletani, per dirla in sintesi, non trovo parole più efficaci, è che non sono *burini*, cioè che è ancora assente nel carattere medio dei napoletani la 'burinaggine' che ormai domina Roma; ormai il romano è sparito e al suo posto c'è il burino [...] La società civile romana si è totalmente 'imburi-

115

nata', ha l'arroganza la prepotenza e l'ignoranza del ceto politico moltiplicato per diecimila. Questo carattere, secondo me, a Napoli non appare ancora. Né vi apparirà mai l'aspetto più deleterio del carattere, del *dàimon* milanese e piemontese, cioè il credere tronfiamente in sé."

E infine, per quanto riguarda la "mentalità del profitto":

"... vi è il lavoro che ti dà da vivere, e che devi o dovresti svolgere con la massima responsabilità; e vi è il lavoro dell'*otium*: pensare a te stesso, cercare di conoscerti. E guardare le stelle. Guai a mettere il primo lavoro contro l'altro. Ma guai anche a non riconoscerne il differente valore. Tu non lavori per lavorare, non produci merci per produrre merci – ma produci per poter stare in pace. Questa è la grande etica classica – tutta l'etica sorta sulle rive del Mare Nostrum..."

La Questione Meridionale è una questione dei meridionali, ha detto Bobbio. Lo avrei capito meglio se avesse detto che la Questione Meridionale è diventata *la* questione dei meridionali, cioè della formazione dei meridionali, come quando Cavour disse: "L'Italia è fatta, ora bisogna fare gl'Italiani". Operazione questa tutt'altro che compiuta, come dimostrano i recenti avvenimenti.

Certo è che nel Sud, se non ci sarà un forte risveglio della coscienza civile, anzi una vera e propria rivoluzione morale, non ci potrà essere più né la Questione Meridionale né la questione dei meridionali.

Questo risveglio e questa rivoluzione però devono essere innanzitutto italiani. Separare le responsabilità geograficamente, storicamente, etnicamente, antropologicamente è solo un modo per liberarsi del problema, non per tentare di affrontarlo.

È vero che "è la carenza di senso civico, vale a dire la sfiducia reciproca, l'isolamento, lo sfruttamento, la dipendenza dall'alto, la criminalità, *non* la povertà, ad aver ridotto il Sud nello stato in cui è"?

"Come può nascere una democrazia in una società che divide i cittadini in *potenti* e *clienti*, che non pratica la solidarietà, la fiducia, la tolleranza, ma soccombe sotto un 'familismo amorale', con il legame di clan che nega quello sociale? Se troppo antiche e consolidate sono le radici dell'arretratezza non sarà lento, disperatamente lento, il cammino verso la democrazia?"

Questa in sintesi la tesi del recente libro di Robert Putnam, professore ad Harvard, intitolato *La tradizione civica nelle regioni italiane*.[37] Ma Putnam ci tiene a sottolineare che, quando parla di senso civico, non allude a caratteri personali o, peggio, a inferiorità razziali: "Intendo dire che se il Sud è in ritardo ciò dipende dalla sua triste storia, che l'ha condannato ad un assetto sociale che rende difficile cooperazione, solidarietà e controllo politico".

A proposito del degrado della società civile a Napoli, scrive Aldo Schiavone[38] che quando la criminalità arriva a controllare direttamente più di un quarto delle attività economiche di una regione e indirettamente più di una metà, allora, di fronte a queste percentuali è errato parlare di due società, la società civile che sarebbe quella sana e la società criminale che sarebbe quella malata. "Quando qualsiasi imprenditore o libero professionista finisce fatalmente per trovare sul proprio cammino, e quindi per dover trattare e imparare a convivere con il potere occulto dell'illegalità costituita, ogni linea di confine, ogni divisione netta, diventa impossibile e sfuma nell'‘indistinzione etica’; ogni moralità individuale ‘scade nel corrompimento di una pesantissima ambiguità quotidiana’. E tutto questo non potrebbe accadere senza "il sostegno di un consenso relativamente diffuso, o almeno di una indifferente neutralità."

E così, secondo Schiavone, non vi sarebbero due società a Napoli e nel Sud, ma un'unica inerte società semilegale fluttuante tra il lecito e l'illecito, in uno spazio grigio e neutro.

Enrico Deaglio arriva addirittura a parlare di un "nuovo modello di sviluppo, con al centro un vero e proprio ceto criminale in ascesa". Anche se le cose non fossero fino a tal punto deteriorate, la tendenza è questa, e mette in moto un tipo di attività di segno negativo, che però richiede le stesse energie e la stessa inventività che altrove fanno progredire la società, e giustamente Schiavone l'ha definita "modernizzazione perversa". In un tale tipo di società la corruzione e il contagio criminale non si diffondono in modo manifesto come il colera, ma in modo occulto, come l'Aids: "Professionisti, imprenditori, politici, amministratori, giudici, possono diventare portatori sani", e in molti casi non sanno nemmeno di essere contagiati.

Così si sta trasformando gran parte della società meridionale (e italiana). Si deve a questo l'inarrestabile scadimento del comune senso della moralità. È contro tutto questo che bisogna reagire.

Quella che Aldo Schiavone chiama "modernizzazione perversa" riguarda soprattutto i comportamenti del ceto medio-alto ed ha avuto luogo quando il vecchio assistenzialismo passivo si è trasformato, per le degenerazioni della politica italiana nel Mezzogiorno, in un assistenzialismo attivo, teso ad utilizzare le enormi risorse messe a disposizione del Sud: "Un impasto micidiale, ma non senza talento, di finanza e di affari, di denaro pubblico deviato e di denaro sporco riciclato... la cui peculiarità consiste nell'usare dovunque sia possibile l'attività e le casse dello Stato, degli enti locali e di ogni struttura pubblica (Regione, Provincia, Comune, Usl, ecc...) come fonte inesauribile di privilegi e speculazioni private". Schiavone usa il termine di "finanziarizzazione selvaggia" e ne pone l'inizio al principio degli anni Ottanta, con al centro una razza padrona di nuovo tipo, e intorno una rete di clientele e di clan affaristici che ha da tempo smarrito il senso di ciò che è lecito. Contro questa razza padrona non c'è stata nessuna forma di opposizione, finora. Il ruolo dei partiti di governo, in questa situazione, è stato – secondo Schiavone – quello di "redistributori di danaro pubblico, senza un programma per il futuro, senza trasparenza, e senza nessuna preoccupazione per il bene comune".

Tutto questo si deve anche a quel tipo di democrazia sui generis che è stata in questi anni non dico tollerata, ma incoraggiata e sostenuta al Nord come al Sud, e che a Napoli, sopra un tessuto sociale già compromesso e deteriorato, ha fatto emergere, in modo più terribile e devastante, le distorsioni del sistema.

Non me la sento di scrivere le mie annotazioni, che per il loro carattere e per mia scelta sono slegate dalla stretta attualità, in un momento come questo, dove proprio l'attualità è la cosa più importante.

Quando uno scrittore si sente obbligato a parlare dei fatti che accadono nell'immediato presente, c'è sempre in lui come una resistenza, un impaccio, che gli trattengono la penna. Quello che accade nell'immediato presente lui lo vede e lo giudica in modo confuso, come ogni altro, mosso da sentimenti contrastanti di preoccupazione, di sdegno, di amarezza. Ma se deve scriverlo sente che ha bisogno di tempo, di distanza, di calma, perché ciò che lo interessa veramente non sono i fatti che accadono per se stessi, bensì quello che c'è dietro, la loro motivazione profonda, il loro significato, la loro a volte lontana provenienza. E tutto questo oggi mi sfugge.

Oggi a me capita di vedere quello che sta accadendo allo stesso modo in cui vedevo alla televisione la Guerra del Golfo. Campi di battaglia, bombe, morti, feriti, tutto come un'astrazione, tutto come l'immagine, la figura, il frammento di una Cosa che infine non mi toccava, o meglio che non riuscivo a percepire nella sua vera e tragica realtà, e che perciò non mi portava nessuna sofferenza.

La mia rimaneva un'esperienza "concettuale", un'esperienza della mente. In altri termini dovevo ragionare per capire il dolore di quel soldato iracheno ferito, e dovevo ragionare per capire la paura di quei civili che aspettavano con la maschera sul volto i gas portati dai missili di Saddam. E comunque non si trattava, appunto, di capire, ma di tutt'altro.

Oggi di fronte agli avvenimenti che scuotono la città come un terremoto, io provo una sensazione molto simile, accompagnata da una sottile angoscia. Vedo le immagini della folla che protesta, degli uomini politici ammanettati, sento le urla dei disoccupati, ma *tutto accade là*, in un altrove da cui si è separati dalle stesse immagini che ce lo rappresentano, in un altrove anche questo irreale come lo era quello della Guerra del Golfo.

Mi sono domandato, anche in questo caso, se dipende dalla televisione una tale sensazione. O se dipende dal fatto che, vivendo ormai da parecchi anni in un'altra città, seguo gli avvenimenti che accadono a Napoli, a distanza. Dipende da un mio modo di essere, dalla mia natura, che mi porta a non cogliere all'istante il fatto immediato, ma sempre "in un secondo momento", e così se uno mi dà uno schiaffo reagisco solo dopo averlo registrato e catalogato nella mente? Tutto questo forse è vero, ma solo in parte. Perché mi sono convinto che non vale solo per me, e che tutti gli italiani stanno assistendo agli avvenimenti che cambieranno l'assetto politico e sociale, e anche morale (si spera), del nostro paese, con la stessa distante astratta curiosità con cui assistono al telegiornale. Tutto, di nuovo, accade là, nel mondo dell'apparenza, e ci intrattiene; mentre invece è in atto una specie di guerra civile che avviene non direttamente ma per interposta magistratura (e televisione). Una guerra civile bianca, senza sangue per fortuna, vissuta come un'allucinazione, mentre la vita quotidiana continua grigia, coi soliti problemi, il solito tran tran, la solita neutra disperazione.

Un'altra spiegazione di questo modo molto italiano di partecipare agli avvenimenti che sconvolgono il paese potrebbe essere questa: Che si sono svolti e si svolgono troppo precipitosamente, senza rispettare "i tempi giusti" (anche dal punto di vista dello svolgimento narrativo). Così è successo per la caduta del muro di Berlino e per il crollo del comunismo. Così, con la stessa accelerazione, a Milano, con gli avvisi di garanzia che da Craxi sono arrivati ad Andreotti; così a Napoli, con la bufera che ha travolto lo staff politico affaristico al governo della città. Questa accelerazione ha creato un ingorgo nella comunicazione, non solo nella fase dell'emissione delle notizie, ma anche in quella della ricezione, determinando in ognuno di noi scompensi e difficoltà di rappresentazione, una specie di angoscioso "blob" interiore.

Gli avvenimenti napoletani non solo si svolgono precipitosamente ma sembrava fossero già scontati in anticipo prima che accadessero. Chi non aveva sentito ogni giorno e più volte accuse, denunce, proteste che investivano gli uomini politici oggi inquisiti? Chi, vedendoli alla televisione proclamare fino all'ultimo minuto le loro non riconosciute benemerenze, non era intimamente persuaso che tutto era stato consumato e lo stesso sistema da essi istaurato li aveva ingoiati? Gli unici che andavano combattendo senza sapere che erano morti erano proprio loro.

Non è facile immaginare cosa potrà sostituire a Napoli il regime che sta finendo. Non si intravede da nessuna parte un progetto politico, un programma capace di suscitare ideali e speranze. Questo vuoto, questa mancanza di prospettive per l'immediato futuro, quest'incertezza, sono causa anch'esse di quell'astrattezza e quella distanza con cui assistiamo agli eventi che si svolgono sotto i nostri occhi. L'unica cosa certa è una confusa volontà di cambiamento: ma sono sempre gli altri che devono cambiare. Non tutti pensano che, per cambiare le cose, devono cominciare a cambiare se stessi. E che in un paese dove la corruzione è considerata solo una variante dell'arte di arrangiarsi, cambiare non sarà poi tanto facile.

"In Italia è sempre stato così: la morale, l'etica, è il giudizio sugli altri" secondo il sociologo De Rita. In altri termini, siamo lontani dalla morale protestante per cui vale l'etica della responsabilità e non quella del giudizio, "noi invece siamo ancora nel 'moralismo giudicante'".

Insomma noi non c'entriamo mai, è sempre colpa degli altri. Credo che anche questo atteggiamento contribuisca a rafforzare la nostra posizione di spettatori di eventi che riguardano sempre quello che hanno detto, fatto, pensato, e soprattutto sbagliato gli altri. Più debole è il sentimento della responsabilità personale, più violento si scatena il "moralismo giudicante". E questo vale anche quando quel moralismo si scatena nelle piazze o in televisione.

Forse non mi sono reso ben conto di quel che può significare per i napoletani il cambiamento verificatosi nella città dopo gli avvisi di garanzia ai maggiori esponenti del potere locale, a Di Lorenzo, Di Donato, Vito, Gava, Pomicino. Capisco però che c'è una differenza tra la situazione milanese e quella napoletana. A Milano tutti sospettavano, ma nessuno poteva immaginare che il fenomeno delle tangenti prendesse le proporzioni che ha preso, e man mano che dagli otto milioni di Chiesa si arrivava, tirando il filo, ai miliardi degli altri, lo stupore, la costernazione, la rabbia della gente aumentavano, rafforzando la Lega e diventando incontenibili. A Napoli, invece, tutti immaginavano e davano per scontato che il fenomeno fosse di proporzioni enormi, che fosse un sistema da tutti accettato e che a tutti conveniva, e quando qualcuno ironicamente domandava: "Ma è possibile che le tangenti le prendono solo a Milano?", la risposta era che si prendevano, eccome, anche a Napoli, ma a Milano questo era uno scandalo, a Napoli no, perché ci eravamo abituati, nessuno si scandalizzava, sempre così era stato. E perciò si stabilivano a priori due metri di giudizio, nati dal pregiudizio sulla nostra ammessa e assodata indegnità morale. Ma ora che la magistratura napoletana è intervenuta per dire che no, le cose non stanno proprio così, e che non esistono due Italie cui si possono applicare metri di giudizio diversi, ma una sola Italia, dalle Alpi al mare, uguale di fronte alla legge, già molti napoletani cominciano a pensare: meglio i giorni del giudizio che quelli del pregiudizio.

A Milano la gente ha reagito, perché quando il tessuto sociale è sano e si sente attaccato reagisce. A Napoli la gente, abituata a pensare che i potenti si comportano sempre male e che non possano fare altro, invece non ha reagito, non ha saputo manifestare nessuna forma di protesta collettiva e perciò politicamente rilevante (in ciò diversa anche dalla gente in Sicilia). Ma è successo lo stesso un fatto nuovo, dopo gli avvisi di garanzia ai politici locali; per la prima volta si è fatta strada nell'immaginario dei napoletani un'idea capace di scuotere l'antica rassegnazione: l'idea che anche i potenti devono rispondere delle loro azioni davanti alla legge, perché il potere non dà più nessuna impunità.

Non c'è dubbio che la borghesia napoletana non sia mai stata una classe dirigente degna di questo nome; più che una classe dirigente è stata una classe *digerente*. E non c'è dubbio, come ha scritto Massimo Cacciari, che il ceto politico che oggi la rappresenta "a differenza di quello precedente che teneva ancora a una sua legittimazione etica ha dimostrato un assoluto disprezzo e disinteresse verso una qualsivoglia giustificazione del proprio operato. Un po' come la vecchia e la nuova camorra".

Ma dopo aver assodato questo, mi pare anche giusto accennare alle inadempienze storiche della classe dirigente e della borghesia imprenditoriale del Nord, e non per rinfacciarsi le rispettive responsabilità ma per capire meglio, complessivamente, ciò che sta accadendo in Italia.

Riferendosi alla classe dirigente e alla borghesia imprenditoriale del Nord, Saverio Vertone scrive che "una classe dirigente non lascia che altri intorno le facciano lo Stato per sentirsi poi estranea al potere centrale e covare nell'ombra le proprie uova". È interessata a far funzionare lo Stato nell'interesse di tutti e suo proprio. Non baratta favori col sottogoverno, ma cerca di difendere gli interessi generali. "Se si fanno i propri interessi, ma anche quelli della città, e indirettamente quelli del paese, si è classe dirigente. Se si fanno solo i propri interessi disinteressandosi di tutto il resto si rimane un'accozzaglia di uomini d'affari, senza un progetto e una funzione civile."

A dir la verità quest'accozzaglia di uomini d'affari l'abbiamo vista all'opera negli ultimi decenni, non solo al Nord ma anche e soprattutto al Sud e ad essa dobbiamo la devastazione delle nostre città e del nostro paese. A Napoli la devastazione è più visibile che altrove perché più funesta è stata l'attività di questo ceto che spesso qui si identificava con la malavita stessa. Ma nonostante ciò, "il moralismo settentrionale che si pone come il rovescio della bassezza meridionale e crede che denunciarla significa salvarsi l'anima, dovrebbe rassegnarsi a riconoscere la sua corresponsabilità nel male generale". I grandi gruppi della finanza del Nord, dopotutto, e sia pure in forme proprie, "sono riusciti molto bene nell'impresa di portare a profitto il nostro Male riciclandolo", come hanno in più occasioni riciclato il danaro sporco proveniente dai nostri traffici illeciti. Perciò sarebbe bene non abusare del trasferimento freudiano della colpa, come spesso si tenta di fare, addossandola tutta al Sud.

Ma tornando a Vertone e alla sua analisi, lui dice che dall'Unità in poi accanto a una Questione Meridionale si è venuta configurando una Questione Settentrionale, perché sin d'allora la media e grande borghesia lombarda "non fece il suo dovere, e affidò la gestione del nuovo Stato un po' ai burocrati piemontesi e molto alla piccola borghesia meridionale". Così ha potuto, sin d'allora, "lamentare l'incompetenza di quei politici e chiedere al momento opportuno qualche favore come contropartita al governo". E ha potuto, com'è sua abitudine, "trattare all'occasione non con i governi (che è più comodo disprezzare) ma col sottogoverno (che è comodissimo usare)". Ecco come questa borghesia del Nord "fonde il lamento – molto italiano – contro la cattiva gestione della cosa pubblica, con la gelosa difesa del suo particolare".

Questo è in sintesi il punto di vista di Vertone, che trovo perfino blando se riferito all'oggi, perché oggi non col sottogoverno ha trattato questa media e alta borghesia lombarda ma coi partiti, fino a divenir parte di un vero e proprio sistema, illegale ma istituzionalizzato.

A questa borghesia dev'essere ben convenuto il consociativismo partitico da cui siamo stati governati in tutti questi anni; dev'essere ben convenuta la confusione (o meglio, la solidarietà oggettiva) tra governo e opposizione, cui abbiamo assistito durante la guerra fredda, coi finti ruoli fieramente sostenuti da entrambe le parti; dev'essere ben convenuta la corruzione e la corruttibilità del sistema, per arrivare in tal modo a quella *deregulation* all'italiana che rendeva più libera da intralci, vincoli, restrizioni e leggi, la conduzione dei propri affari; dev'essere ben convenuto scaricare le proprie perdite per cattiva gestione facendole sanare dal bilancio dello Stato; dev'essere ben convenuto parlare di libero mercato, logica del profitto, legge del mercato, e vivere invece in una economia protetta; e dev'essere ben convenuto, infine, dire che tutti i guai del paese provenivano dal Sud, quando i nodi sono venuti al pettine e questo sistema non ha retto più.

Referendum del 18 aprile. Euforia. Paragoni tra il 18 aprile del '48, in cui si votò per la nascita della Prima Repubblica, e questo 18 aprile 1993 in cui si è votato per la nascita di una Seconda Repubblica. La terra "dove il sì suona" ha risposto sì alla riforma elettorale e vedremo se questo sì riuscirà a sconfiggere le pratiche bizantine dei partiti e la degenerazione della politica. I titoli nelle prime pagine dei giornali lo fanno sperare: "Nasce la Nuova Italia", "L'Italia s'è desta"...

E Napoli? S'è desta Napoli? Pare di no. A Napoli il 38 per cento degli elettori se n'è restato a casa e più di 350.000 persone hanno disertato il voto. Tutte le altre città italiane hanno partecipato a questa "battaglia per il rinnovamento", Napoli no, se ne è stata in disparte come se non avesse più la forza di credere a niente, né alle battaglie né ai rinnovamenti, come se la caduta dei vari Gava, Pomicino, De Lorenzo, una volta potentissimi, non avesse provocato nessuna reazione, tranne questa: vediamo adesso in mano a chi andremo a finire. I napoletani a quanto pare non credono ai giudici forse perché sanno, istintivamente, che non si può delegare ad altri, ai giudici, quel cambiamento che dovremmo essere noi stessi a provocare. E quanto ai politici si guardano intorno e vedono che non ci sono poi molte possibilità di ricambio, e in fondo pensano che sono e saranno sempre gli stessi. Questo modo di ragionare fa parte della loro immobilità, un'immobilità che viene da lontano.

E poi c'è un'altra immobilità, un'immobilità metafisica, alla De Chirico, aleggiante sulla città, sulle sue strade, sui suoi vicoli, pur nella convulsione quotidiana, un'immobilità percepibile non so se dall'occhio o dalla mente, soprattutto al primo impatto, appena scendo dal treno. È qualcosa che colgo all'improvviso e ogni volta mi sorprende, qualcosa che rassomiglia a quella calma grigia e ovattata che qui chiamano "bafogna" e che di sorprendente ha questo, che include e annulla anche il movimento.

L'immobilità di piazza Plebiscito, con quei re di marmo – e tutta la loro Storia – avvolti nel fumo degli autobus. L'immobilità della Galleria Umberto, grande voliera abbandonata, isola di passi perduti. L'immobilità delle mutilate e derelitte statue della Villa Comunale. L'immobilità della folla che scorre per Chiaia o per Toledo come l'acqua nera di un fiume, e lentamente come su un *tapis-roulant* ti trascina. L'immobilità che rende ogni cosa attonita e quasi sopravvissuta a se stessa, che sovrasta il fragore del traffico, i palazzi corrosi, le finestre sbiadite, il vecchio tram che passa, il taxi scalcagnato nell'ingorgo. E che m'accoglie con la faccia del portiere nella hall dell'albergo dove sono appena arrivato... Quanti aspetti ha questa immobilità, che sembra aver preso stabile dimora qui a Napoli.

Ogni volta che ritorno è come se un vecchio film in bianco e nero si srotolasse davanti ai miei occhi, un film visto già tante volte, e che spesso s'incanta sopra un fotogramma.

Questa immobilità è non solo nelle cose, io la sento anche nella gente. E non tanto nei singoli individui, che spesso sono vivaci nella conversazione, e ironici, brillanti, ma *nell'insieme* delle loro voci e dei loro discorsi. Parlo di un'immobilità collettiva, che viene dalla non-speranza, dall'impossibilità – oggettiva, o come tale percepita – di risolvere il "problema di Napoli" e dunque il problema della propria vita nella città. È un'impossibilità continuamente negata, ed è giusto che sia così – altrimenti come si farebbe a campare? –, ma sta lì, anch'essa immobile e sovrastante, conculcata. Ci sono tanti problemi irrisolvibili nel mondo, dice la non-speranza: la fame, la sovrappopolazione, il degrado ambientale, i conflitti etnici, l'inferiorità economica e abissale di tutti i Sud rispetto a tutti i Nord, eccetera... E poi, in proporzioni più circoscritte, c'è il conflitto Arabo-Israeliano, quello razziale tra bianchi e neri, e così via. E c'è il problema di certe città come Napoli, microcosmo di un mondo che contiene in sé un Terzo Mondo indomabile e incontrollabile. Questa non-speranza, questa impossibilità oggettiva o come tale percepita, è forse entrata a far parte dell'inconscio collettivo dei napoletani e produce quella specie di immobilità che io avverto. Ma mi domando se non sono io stesso ad aver fatto di Napoli e della sua immobilità il simbolo di una particolare angoscia che mi prende talvolta quando vi ritorno.

Chi si trova in un vicolo cieco, con le spalle al muro, e davanti una minaccia mortale, incombente, cosa può fare per superare l'insostenibilità di questa situazione? Non può far altro – scrive Ronald Laing[39] – che fingere di non essere lì dov'è. E pensare, sdoppiandosi: non sono io quello cui sta capitando tutto questo, è un altro, io non c'entro. Questa specie di distrazione da sé si manifesta quasi sempre con l'immobilità. È un comportamento tanto naturale ed istintivo che molti animali lo adottano. Ora, se trovarsi in una situazione senza via d'uscita non è l'affare di un momento, ma né più né meno che *la normalità*, la normalità di tutti i giorni, una normalità-stato-d'emergenza non sarebbe altrettanto normale distrarsi dalla propria vita e automaticamente adottare l'immobilità? Che altro si può fare quando non c'è assolutamente niente da fare?

Questo dice Laing. E a volte quando qualcosa mi fa pensare che per Napoli non c'è niente da fare, capita anche a me di piombare in una specie di immobilità angosciosa molto simile a quella qui descritta, e mi sembra di capire meglio lo stato d'animo dei miei concittadini.

L'attesa, ha detto qualcuno, è il grande territorio dell'immaginazione. Ecco perché a Napoli di immaginazione ce n'è tanta. Aspettiamo da secoli che accada qualcosa, ma è da secoli che non facciamo nulla per farla accadere. Ci limitiamo ad aspettare, immobili, immaginando.

Francesco Speroni dichiara in un'intervista: "Al Sud manca la cultura della legalità, questo è il problema centrale. Cosa c'entra la disoccupazione col fatto che la gente non si ferma col rosso? Sarò teutonico, ma io mi fermo col giallo, faccio passare i pedoni sulle strisce e do la precedenza, e se uno mi esce dallo stop io gli vado addosso, ma non mi fermo".

(Loro sono fatti così.)

Un tassista napoletano mi rassicura. Lo ammette, lui passa con il rosso, qualche volta. Ma quando uno passa con il rosso sta più attento perché *sa* di commettere un'infrazione. E quindi c'è *meno* pericolo, dice lui.

(Confrontare questa logica con la precedente.)

L'idea del contagio è un'altra idea fissa della mentalità "piccolo-settentrionale". L'idea che la nostra corruzione li abbia contagiati. Quando è vero – e i fatti lo dimostrano – che loro hanno una corruzione autoctona.

Molti di loro credono che i guai del Nord, e perfino l'immoralità, siano arrivati al Nord dal Sud. Com'è bello e che sollievo dà il crederlo! Molti di noi credono che i guai del Sud, e perfino il malgoverno, siano arrivati al Sud dal Nord. Com'è bello e che sollievo dà il crederlo!

"In Brasile" dice Jorge Amado "la corruzione è un costume di vita, e non da oggi. È un lascito, è un fenomeno drammaticamente diffuso di cui i vari esponenti del governo della città sono solo un frammento."

E in Italia è diverso?

Siamo come il Sudamerica, si sente dire spesso. Secondo me non è vero, perché mentre in Sudamerica vale lo slogan "*Rouba mas fas*" (ruba, ma fa) qui la norma è: Ruba e non fare. Così è accaduto tante volte per gli stanziamenti di questa o quell'opera pubblica. Il danaro spariva e l'opera non veniva eseguita.

Il comportamento degli italiani verso gli ebrei, diverso da quello di tutti gli altri popoli europei sotto il dominio tedesco, nasce, secondo Hannah Arendt, dalla solidarietà e dal senso umanitario di un popolo antico e civile. Ma le cose non sono così semplici, perché la solidarietà e quel senso umanitario, secondo Jonathan Steinberg (che insegna storia a Cambridge), si sviluppano su un terreno di cultura di *non-virtù secondarie*. Sono connotati italici troppo noti: disordine, indisciplina, disobbedienza, perfino quella corruttibilità che permise a molti ebrei di acquistare carte false e porte aperte. Parallelamente, la disumanità tedesca è saldamente ancorata nel sistema delle *virtù secondarie*: onestà, disciplina, puntualità, diligenza, senso del dovere e della responsabilità. I due modelli sarebbero l'italianissimo Machiavelli e il tedeschissimo Hegel.

Tutto questo – che ho riportato letteralmente dal "Corriere della Sera" – a me sembra molto convincente, anche perché le non-virtù secondarie (disordine, disobbedienza, indisciplina, corruzione) sono in genere più praticate nel Sud, e so per esperienza che, nonostante tutto, solidarietà e umanità non ci difettano. Non tutto il male viene per nuocere, consoliamoci così.

134

Le trasmissioni da Napoli di Gad Lerner hanno ancora una volta tirato in ballo la contrapposizione tra Nord e Sud, dove la tronfia petulanza degli uni e pretestuosa rivendicazione degli altri si confondono in una desolante mancanza d'idee e hanno fatto risentire quel "rumore di fondo" che è il vero collante della rivolta del Nord: l'insofferenza verso i meridionali e i loro guai. È un rumore di fondo, ma è tenace ed è incrollabilmente legato a un pregiudizio negativo verso i meridionali, talmente diffuso da apparire ai più quasi una verità incontrovertibile. I meridionali non hanno mancato di fornire appigli per favorire questo tipo di reazioni. Il degrado civile del Sud, descritto con dovizia di particolari da Bocca, in qualche modo le giustifica ampiamente. E l'effetto provocato da tanti luttuosi episodi di mafia e camorra, i sequestri di persona hanno contribuito a tener vive quelle reazioni e ad esasperarle.

Ma il fatto vero è che l'antimeridionalismo nasce *ancor prima* di tutto questo ed è radicato in quella mentalità che ho definito "piccolo-settentrionale", in quelle zone dell'inconscio popolare dove la parola "terrone" sorge spontanea ad indicare un'inferiorità data per scontata. Lo scrive Angelo Panebianco oggi sul "Corriere".

Anche se quelli della Lega hanno cominciato a dire da un po' di tempo che la secessione non è inevitabile e che non è nei loro piani (perché quello che vogliono è il federalismo), un certo tipo di secessione di fatto è stato sempre praticato dal Nord nei confronti del Sud, e soprattutto in questi ultimi precipitosi anni. Perché al Nord non si sono mai veramente preoccupati di quello che stava succedendo in questa parte dell'Italia? Ammesso che i primi a preoccuparcene dovevamo essere noi, la nostra classe dirigente, i nostri intellettuali, come si sono comportati loro? La cosa non li riguardava, non era interesse anche loro e dei loro affari e della loro volontà di Europa, che noi e la parte più sana della nostra società civile ci salvassimo? Non gli *conveniva*? Non si sono mai accorti in questi ultimi vent'anni della deriva in cui venivano trascinate regioni come la Calabria, la Sicilia, la Campania? Perché non hanno fatto niente per fermarla? Credevano che bastasse soltanto una Cassa per sovvenzionare il piagnisteo e per rinfacciarcelo ad ogni piè sospinto? Dovevano anche loro arrivare in tempo. Invece hanno guardato ai fatti nostri con la stessa indifferenza con cui noi guardiamo quel che succede nei Balcani, e poi hanno scoperto l'Inferno...

"Povertà è godere di beni minimi, il cibo necessario e non superfluo, il vestiario necessario, la casa necessaria e non superflua. Povertà e necessità nazionale sono i mezzi pubblici di locomozione, necessaria è la salute delle proprie gambe per andare a piedi, superflua è l'automobile, le motociclette, le famose e cretinissime 'barche'. Povertà significa rendersi esattamente conto di quel che si compra perché necessario, conoscere la qualità e la materia di cui sono fatti gli oggetti necessari... Tutto il nostro paese che fu agricolo e artigiano, cioè colto, non sa più distinguere nulla, non ha educazione elementare alle cose [...] il nostro paese compra e basta [...] è solo un grande mercato di nevrotici tutti uguali, poveri e ricchi, che comprano, comprano senza conoscere nulla..." Queste cose scriveva il mio amico Parise, sul "Corriere", nel '74, e aggiungeva: "povertà non è miseria, come credono i miei obiettori di sinistra".

– Avevamo attraversato per la prima volta nella nostra storia un periodo di benessere economico, e lui veniva a proporci di vivere come si viveva nei paesi dell'Est. Ti pare logico?

– Prova a sostituire alla parola povertà la parola "austerità", cioè "buona amministrazione". Prova a pensare che questa parola significa più lavoro e meno assistenzialismo, più case ai terremotati e a chi ne ha bisogno, e meno autostrade, ponti sullo stretto, albergoni sul mare, più restauro del centro storico e riqualificazione delle periferie e meno Nuovi Centri Direzionali... Prova a pensare: più attenzione alla spesa e meno propensione allo spreco, meno ostentazione di ricchezza, meno corruzione, meno tangenti... Vedrai allora che l'etica della povertà, nel senso di parsimonia ed oculatezza, potrebbe oggi andar bene perfino a Napoli.

Sì, è vero, il "basso" ha la televisione, ha il frigorifero, e non è più il basso di una volta, anche se s'affaccia sempre sulla strada. Gli "scarrafoni della scarrafonnera" maneggiano per la prima volta un po' di soldi, seguono la moda, hanno il look, e si danno da fare in mille modi consentiti e non consentiti dalla legge. Ma non credo sia migliore la qualità della loro vita. Hai osservato nei vicoli dei quartieri quel movimento incessante di motorette, quell'attività febbrile come di api e moschilli? Quelli sono i pony-express della droga. Si consegna "alla persona", una dose e non più, per evitare il sequestro. La droga a Napoli è pervasiva. I camorristi, a differenza dei mafiosi, si drogano. I piccoli atti di delinquenza, anche quelli, hanno bisogno di droga. La prendono per darsi coraggio, e così diventano tossicodipendenti. Ce ne sono a Napoli 30.000 accertati. Eroina nei quartieri popolari e cocaina nel ceto medio. Anche la cocaina è molto diffusa, ma è più "borghese", e non si può accertare il numero dei cocainomani, perché la cocaina non dà assuefazione. Per l'eroina occorrono dalle 150.000 alle 200.000 lire al giorno, chi ne dipende deve procurarsele in ogni modo, scippi, furti, ricatti... Sì è vero, c'è più danaro in giro, più benessere, ma non è migliore la qualità della vita.

La camorra offre occupazione a trecentomila disoccupati, c'è un ritorno d'analfabetismo perché un terzo della popolazione scolastica non va a scuola. E la miseria, quella di una volta, quella antica e inestirpabile, non è poi scomparsa. Si trova tra i diseredati delle degradate periferie che stringono d'assedio la città, in quella desolata terra di nessuno dove domina la malavita, la prostituzione, la schiavitù, l'afflizione e la solitudine.

Sì, è vero, c'è più danaro in giro, più benessere, ma...

Dovevamo arrivarci, era inevitabile: "Napoli in ginocchio", "Napoli dichiara bancarotta", "Napoli dichiara il dissesto finanziario", "Dov'è finito l'Oro di Napoli?", "Disavanzo di duemila miliardi al Comune di Napoli". È la prima volta che il governo di una città italiana dichiara fallimento, lo gridano i titoli dei giornali di oggi. Ma cosa significano questi titoli per i napoletani? Significano che per una decina di anni, fino al Duemila e oltre, aumenteranno per loro le tasse, gli affitti, le spese, e diminuiranno i servizi, del resto già quasi inesistenti; che aumenterà la disoccupazione e diminuirà per le imprese la possibilità di ottenere crediti dalle banche. Ecco dove porta la confusione tra consumismo e qualità della vita, ecco dove porta la cultura dello spreco, della spesa facile e di tutto quello che si oppone all'etica impopolare predicata a suo tempo da Goffredo Parise.

Com'è possibile parlare di cultura a Napoli quando i luoghi consacrati alla nostra storia, quelli che simbolicamente e materialmente rappresentano tutto quel che siamo stati e che perciò siamo, vengono lasciati nello stato di indecenza di una qualsiasi pubblica latrina? Almeno certi luoghi, certi monumenti, non fosse altro che come segno che non abbiamo dimenticato la Napoli Nobilissima di cui così spesso ci vantiamo, almeno quelli potrebbero essere tenuti meglio, protetti. Invece la speculazione edilizia ha fatto sorgere nuove, visibili, orrende, moderne costruzioni fin sulle pendici di San Martino e nei pressi di Castel Sant'Elmo, le immondizie, gli eterni lavori in atto, le transenne e le lamiere ingombrano piazza Plebiscito, e dovunque, *dovunque*, c'è come una muffa che invade e ingrigia ogni cosa. Insomma, Napoli si presenta quasi sempre non Nobilissima, anche dove Nobilissima è stata, ma Ignobilissima, come una vecchia megera discinta, appena uscita da un basso, con gli occhi pesanti e offuscati, e nessuna pur lontana traccia di femminilità.

Così si presenta anche quando si va nei luoghi dell'Arte e della Cultura, quando si va al Museo di Capodimonte, al Museo Nazionale, al Museo di San Martino, a Palazzo Reale. Luoghi straordinari da visitare, con opere di valore eccezionale che tutti i musei del mondo potrebbero invidiarci. Ma quando lo sguardo si posa su quelle tele e su quei marmi, è ancora disturbato da ciò che ha visto lungo il cammino tra le strade e i vicoli della città, ed è come se si fosse indebolita la sua facoltà di percezione del bello, la sua possibilità di trarne godimento estetico, come se tutta la confusione, l'abbandono, la desolazione che si sono attraversate per arrivare fin lì, avessero lasciato un segno indelebile sopra ogni cosa.

Una sensazione analoga, una sottile disperazione sulla possibilità della cultura di incidere in qualche modo sullo stato delle cose, mi assale anche quando vado a Palazzo Serra di Cassano o a Villa Pignatelli o in un altro luogo simile dove si dà convegno l'intellighenzia.

Quelle strade, quei bassi, quelle immondizie... A che serve la cultura? ti domandi. E poi tieni a bada questo interrogativo che ti perseguita, questo senso di inutilità della ragione rispetto all'irrazionalità predominante, entri, e cominci a parlare...

Il Vomero, una volta luogo ameno, dall'aria fina, alto sulla collina, è oggi un quartiere che esprime bene il gusto, le ambizioni, la cultura della piccola e media borghesia napoletana, ne è direi quasi il "correlativo oggettivo", la manifestazione plastica. Basta percorrere quelle strade soffocate dai palazzi incombenti, guardare quelle stupide soluzioni architettoniche e urbanistiche, restare intrappolati nelle contorsioni del traffico, percepire quella mancanza di spazio quasi come una mancanza d'aria, per sentir dentro un feroce moto di ribellione, una specie di implacabile avversione per chi ha voluto che questo quartiere fosse così, e ci abita, e lo trova tollerabile. Sì, questa è proprio la cultura di chi è stato a guardare tutti gli sfregi fatti alla città, e anzi li ha promossi e approvati, o peggio, nemmeno se n'è accorto. Questo quartiere, rappresentativo di un ceto medio che ha ceduto al Male (all'indifferenza, alla mancanza di senso civico) è certo più brutto dei più miserabili quartieri popolati dalla plebe, perché almeno quelli non sono stati pensati, sono venuti su naturalmente. Invece la bruttezza del Vomero è – come dire? – una bruttezza *morale*.

Ma è mai possibile che la nostra borghesia non abbia saputo escogitare nessun'altra maniera di far soldi se non quella di distruggere tutta la bellezza che avevamo intorno a profusione e di aggravare tutta la bruttezza, che pure non ci mancava? Nella città più inventiva nell'arte di arrangiarsi, nella città delle mille risorse e dei mille mestieri, nella Capitale della Fantasia e dell'Estro Mirabolante, non hanno saputo pensare, per arricchirsi, altro che questo: facciamo un palazzo, e poi facciamone un altro, e poi un altro ancora, e un altro, e un altro, per dieci, venti, trenta, quarant'anni, finché oggi non c'è più spazio nella città congestionata, non dico per costruire un palazzo, ma nemmeno un cesso.

Poi comincia un'altra storia, dall'esito ancora incerto, un altro tipo di speculazione, per ridurre gli effetti della speculazione edilizia precedente che ha congestionato la città e l'ha trasformata in una megalopoli con un numero di abitanti e di case pari a quello di Venezia, Bologna, Firenze, Bari, Palermo, messe insieme. Una megalopoli di pendolari, in cui ogni giorno un milione di abitanti della periferia si travasa nel centro, e la sera dal centro alla periferia; e questo spiega abbastanza bene, se si somma alla tragica deficienza dei servizi, l'impazzimento del traffico cittadino e le relative trasgressioni (compreso il rosso) dovute alla nevrosi.

Ora, il grande problema da affrontare per rendere vivibile la città è di decongestionarla. *Decongestionare* è la nuova parola d'ordine. Se ne impadroniscono i nuovi speculatori. Si tratta di costruire grandi opere pubbliche, come metropolitana, raccordi autostradali e tangenziali (con adeguate tangenti) destinate ad alleggerire il centro. Ma le grandi opere pubbliche di questo tipo non sono alla portata degli speculatori tipo Nottola, quello de *Le mani sulla città*. Ci vuole lo Stato, il Danaro e le Concessioni dello Stato, gli Stanziamenti in Miliardi dello Stato, gli Appalti offerti a Grandi Società dai Rappresentanti dello Stato. E dunque ci vuole la politica. E si è formata così quella rete di clientele che non ha permesso più di distinguere tra società civile e società criminale, tra camorra e politica...

Decentrare, decongestionare dicono oggi gli stessi che hanno concentrato e congestionato ieri. Se ci avessero pensato prima? Soldi per congestionare volevano allora, soldi per decongestionare vogliono oggi. Ma cosa credono, che siamo tutti cretini?...

Si legge spesso sui giornali che qualcuno sbaglia strada e per questo perde la vita. Nel deserto, se si va fuori pista, in una foresta se si prende il sentiero sbagliato, o in una gita in montagna. Ma può accadere anche a Napoli di sbagliare strada in pieno giorno come è accaduto a me, e se non ho perso la vita ho capito come la perdono gli altri.

Invece di prendere l'autostrada per Roma ho preso quella per Salerno, e quando mi sono accorto dell'errore ho cercato di rientrare nell'autostrada per Roma. È lì che ho sbagliato strada, e mi sono ritrovato ad un tratto sopra una specie di impraticabile pista africana piena di buche che attraversa un paesaggio di assoluta desolazione. Dove sono, mi domandavo pieno di sgomento. Se uno sbaglia strada a Napoli può trovarsi in una specie di bidonville disseminata di cantieri edilizi senza operai, con una polvere che assale e avvolge ogni cosa, tra una fila di case scalcinate che sembrano disabitate e in disfacimento e magri palazzetti nuovi di sei piani color pisello, con tutti i balconcini allineati con vista sulla terra di nessuno. Può incontrare il moncone di un viadotto innalzato su pilastri di cemento e abbandonato a metà, una serie di montagne di spazzatura di una discarica all'aperto, e poi macchine demolite e arrugginite ai margini della via, bidoni enormi vuoti e boccheggianti, pali della luce spezzati coi fili ondeggianti, grovigli di ferrame irriconoscibile, e su questo

144

percorso da retrovia di guerra un traffico caotico di camion antiquati, motorette scoppiettanti guidate da scugnizzi nudi, automobili sgangherate con camorrista al volante...

Sento già sorgere l'obiezione: Ma è proprio necessario sbagliare strada per trovare quello che hai descritto, non si trovano normalmente a Napoli, senza sbagliare strada, strade così, con una simile desolazione?

Se questa è l'obiezione, vuol dire che la mia descrizione è stata al di sotto della realtà, perché io parlo di quella periferia che come una mala pianta è nata intorno alla città e si è sviluppata nel modo che ho detto, e quella periferia supera in orrore qualunque cosa sia visibile nella città, anche nei quartieri più bui e più miseri. Se questa è l'obiezione, vuol dire che non ho saputo dare un'idea adeguata della differenza, che salta agli occhi, tra il degrado della periferia e il degrado della città. Perché la periferia, oltre agli orrori descritti, è del tutto disanimata, non c'è nemmeno quella umanità e quella solidarietà che in un vicolo di Napoli servono a far sopportare la vita grama. La periferia è senza centro, è magma informe, è anonima e uniforme nella sua desolazione, non ha memoria e non ha storia e si estende a perdita d'occhio, è un mare, un oceano di non-speranza e di derelizione. Ognuno lì è solo, come sulla Luna.

Se sbagli strada a Napoli puoi trovarti davvero sulla Luna, sulla Terra Desolata, nel Finimondo, sulla linea del fronte di una invisibile guerra, e puoi scorgere da questo orrore casuale levarsi un orrore architettato. Puoi trovarti all'improvviso di fronte alle "Vele" di Secondigliano, di fronte a questa piramide azteca composta di blocchi ammassati uno sull'altro, e finestre, ringhiere, pianerottoli, scale che li legano in una sola immensa costruzione, un incubo nato dall'idea di riprodurre in moderno la contiguità abitativa e la soccorrevole promiscuità del vicolo napoletano. Ma coniugare la "porosità" dell'abitato mediterraneo con la moderna razionalità non è cosa facile. Dev'essere fatto procedendo per gradi, con opere di restauro e di ristrutturazione nel centro e nei "quartieri", e con pianificati interventi in periferia. Non si può procedere invece con la violenza ideologica del moderno architetto. Quando questo avviene, tutto si risolve nell'innaturale connubio tra vecchio e nuovo da cui è nato il mostro di pietra che ho visto levarsi davanti a me, una galera dove sono stipati, concentrati, costretti, asserragliati, tutti i mali di una città malata come Napoli, la violenza, la droga, la prostituzione, la disoccupazione.

Se sbagli strada qui puoi trovarti in tanti luoghi inospitali e invivibili come questo, in un medio oriente sgangherato o in una favela sudamericana, nel Bronx o nel Messico Napoletano descritto da Peppe Lanzetta,[40] nel Purgatorio della *Baby Gang* di Salvatore Piscitelli, o in un girone qualsiasi dell'infernale periferia che stringe la città. Ma poi tu, con un po' di fatica puoi riuscire, come ho fatto io, ad imboccare finalmente l'autostrada per Roma e allontanarti. E tanti invece che hanno sbagliato strada una volta per tutte, vivono qui per sempre, per tutti i giorni della loro vita, da quando sono nati.

C'è una strada chiamata il Miglio d'Oro, perché lunga un miglio e perché ai suoi lati una volta fiorivano le sfarzose ville settecentesche della Napoli Nobilissima, con colonne e portici e parchi e giardini e discese a mare. Centoquaranta se ne contavano, se non sbaglio, e di queste una decina sono state restaurate e stanno lì nel subbuglio di questa strada a testimoniare di una grandezza passata e ormai invisibile. Qui il Re Borbone aveva fatto costruire una reggia ai piedi del Vesuvio, tanto ameno il sito gli parve. Ne parlo perché qui sono state girate quest'estate alcune sequenze del documentario di Francesco Rosi *Diario napoletano*. Volevamo far capire attraverso le immagini perché alcuni dicono che Napoli ha due nemici mortali: la plebe e la borghesia. Volevamo far vedere come qui, in questa strada, i due nemici si sono accapigliati generando il caos, riproducendo anche qui i disastri di un eterno '99. Da una parte l'Illuminismo delle architetture settecentesche, dall'altra l'irrazionalità dell'abitato plebeo, si sono affrontati, avvinghiati, sovrapposti in un abbraccio mortale, e il risultato è la confusione di questa strada piena di un traffico sconclusionato, che è difficile perfino fermare nelle immagini di un film, perché qui la realtà non è fotogenica, sfugge alla rappresentazione, la oltrepassa nell'orrore.

È difficile trovare gente attaccata alla propria città più dei napoletani. Questo amore per la propria città vien fuori non solo da versi e canzoni, da rimpianti e nostalgie, ma da una continua produzione di libri, incisioni, disegni, guaches, fotografie, cartoline, quadri, eccetera, che tramandano la bellezza degli edifici e delle piazze, delle chiese e dei monumenti, della natura e dei paesaggi. Il sentimento dei napoletani verso la propria città vince sempre alla fine ogni risentimento, e so di napoletani che hanno sognato per tutta la vita di ritornare nella loro città, e di altri che per aver dovuto abbandonarla sono morti.

E allora come si spiega che questi stessi napoletani così innamorati della propria città abbiano assistito senza batter ciglio e con suprema indifferenza – quasi si trattasse di una città nemica da distruggere – a tutti gli scempi che l'hanno devastata? Fu distrazione, negligenza, abulia, mancanza di senso civico, incultura, o che altro?

"Ninfa plebea" di Rea

Il primo sentimento che ho provato leggendo *Ninfa plebea*[41] di Domenico Rea è stato una specie tutta particolare di allegria, l'allegria del testo, più che il piacere del testo. E non perché le vicende che Rea racconta siano allegre; no, non erano quelle a rendermi allegro, anche se sono raccontate con un piglio divertito. L'allegria mi era trasmessa dalla scrittura di Rea, dalla fattura delle sue frasi, dalle sue combinazioni verbali, dai suoi vocaboli, dal ritmo della sua sintassi, da quella sua lingua tracotante, e classica, e irresistibile. Allegria di leggere "cani e gatti, asini e cavalli, tori e vacche, lioni e pantere", e di trovare la parola *lioni* allineata alle altre. Di trovare il *liupardo* che però non è il leopardo anche se è ugualmente maculato, bensì la pezza che usavano i contadini di Nofi al posto della carta igienica. Di trovare i *topi da guerra*, più feroci degli altri nella lotta col gatto. Di trovare perfettamente inserite e naturali parole desuete, e così i pescatori partono per il *pélago* e si vedono *lontanare*, e si prova *brevogna* invece di vergogna, e si bussa come *sur* una porta, e si dice: "Deh vien qua" o "Malcreato, donne vieni?"... E tutto appare giusto, ben incastrato nella frase, come se stessimo leggendo Masuccio Salernitano o il Bandello o il Bartoli, autori che ad ogni buona occasione Rea non manca di ricordarci che sono da lui frequentatissimi. E si vede.

E c'è anche l'allegria che danno le calze del nonno "putride e pesanti come borsette", o il corpo umano visto come una casetta o un basso "dove in fondo c'è il cesso per ricordarti che sei un animale". Perfino i nomi e i cognomi dei personaggi qui mettono, a leggerli, quell'allegria di cui sto parlando: il professor Sborio, Giacchino O' Bizzuoco, il sergente Barracuda, la signora Aldobranda, la zitella Trifonema.

Ninfa plebea è una scorribanda in un mondo plebeo tutto inventato dalla fantasia e dalle parole, e nello stesso tempo reale, realissimo. Un mondo "censurato" perché tutto fatto di "schifezze" – come lo stesso Rea le definisce – di puzze, fetori, di "fiezzi umani d'ogni genere", di copule immonde, che emanano "perfumi", afrori, fortori; di sconcezze e fetenzie medievali, anzi pagane, anzi barbare, primordiali: roba da antropologi, insomma.

Un mondo i cui personaggi pare che pensino solo ad annusarsi, toccarsi, guardarsi, tastarsi e palparsi le cosiddette "vergogne" senza vergogna. Un mondo in cui lo sporco, la sporcizia è un dato, una condizione ambientale come la selva per il selvaggio, una categoria come "il crudo e il cotto" di Lévi-Strauss. Su questo mondo, piccolo come un presepio, in cui avviene l'educazione alla vita di Miluzza, donna-bambina e ninfa plebea, si fissa lo sguardo spesso ironico e sempre implacabile dello scrittore, e quello sguardo non arretra di fronte a nulla, e tutto, proprio tutto, fino all'ultima *nouance* di una puzza, fino all'ultimo peluzzo di un pube, registra e plasticamente rileva, con una forza naturale che si trova solo negli scrittori antichi, come Apuleio o Rabelais, con uno stile secco e preciso che rende ogni cosa necessaria e dunque innocente nella sua naturalezza, così com'è innocente la piccola Miluzza.

Chi è un po' schifiltoso e propenso a giudicare il mondo secondo i parametri di una civile educazione, non credo possa capire la poesia di questo libro estratta da materiali così impoetici; e difficilmente proverà quell'allegria di lettura di cui dicevo prima.

Il teatrino di questo racconto è Nofi, alias Nocera Inferiore, paesotto agricolo alle falde del Vesuvio e provincia letteraria di Rea, e tutto si svolge nei lontani anni Trenta, nell'umile Italia di una volta.

La sera della domenica "alla luce incerta delle lampade ad acetilene delle bancarelle, si è spinti prima a ballare diaboliche tarantelle, indi si passa ai serpentini tanghi argentini, lasciando che i pubi già enfi si tocchino, stuzzichino e ingrifino fino al punto di scoppio". (E prego notare quei congiuntivi!)

Nunziata, madre di Miluzza e madre mediterranea, "dalla parlantina rianimatrice" e dedita per vocazione al bruto amor profano (che causerà la sua morte), mentre ascolta la messa "nel momento in cui l'amico militare le stava maneggiando le pacche spostava una sua mano per verificare se il malloppo d'uomo fosse già enfio".

Sempre lei, Nunziata, questa volta in funzione di "*chercheuse de poux*", con la testa di Miluzza stretta tra le gambe, le cerca i pidocchi, e qui perfino i pidocchi, come in Rimbaud, diventano poetici: "Ti vogliono bene Miluzzella, vengono tutti da te. Ci hanno trovato il dolce. Uh, quanti ce ne sono sotto questa scorza. Ci hanno fatto una casarella".

Annuzza, un'amica più maliziosa, mostra il suo sesso a Miluzza: "Si alzò la veste, buttò il busto indietro, e disse: 'Guarda com'è grossa e rampicante. Si chiama cestunia perché sta sempre nascosta come una tartaruga' ".

E nella bettola del paese, frequentata da gatti, topi – topi normali, topi zoccole e topi da guerra – vermi, millepiedi e scarafaggi che "potevano passare sui piedi e fuggire tra botti, barilotti, damigiane d'olio e d'aceto [...] una volta Miluzza aveva assistito alla lotta tra un gatto e un topo zoccola. Fu un duello all'ultimo sangue. Prima il gatto si lanciò dall'alto delle botti a quattro zampe aperte a cavalcioni sul topo, colpendolo al collo con una zampata, poi mentre il topo scappava intontito, il gatto fingeva l'indifferenza. Ma se il topo tentava di infilarsi tra i vicoli delle botti, ecco un nuovo lancio, e con artigli lo attanagliava, ora staccandogli una coscia, ora una spalla, ora un orecchio, ora la coda. Se uno segnalava il duello alla Moschella (la padrona della bettola) lei rispondeva: 'Sto da vent'anni qua dentro e fanno sempre questo'".

Ecco, se volessi fare un bel saggio su Rea partirei dalla descrizione della lotta del gatto col topo, e dalla intrepida mancanza di tragedia e di sentimento ch'è in quella frase che la conclude. Apparentemente feroce, ma che racchiude tutta la scienza primitiva di chi sa che vi sono cose in questo mondo ineluttabili, dove nulla, nessun sentimento umano di pietà o compassione può interferire, perché sono così e sempre così saranno. Come la lotta del gatto col topo.

In un altro libro di Rea[42] – autobiografico – c'è qualcosa di simile, visto con una lieve ma non meno feroce ironia. Rea va dal pescivendolo a comprare dei pesci per una zuppa, e li sceglie a uno a uno dalla tinozza dove sguazzano: "Sbircio uno scorfano che mi guarda pietoso come un'anima del Purgatorio. Ma io cinico indico proprio lui da prendere al pescivendolo".

E qui è lo stesso Rea che assume la parte del gatto. E come un grosso gatto spietato e sornione mi par di vederlo alle volte. Altre volte mi par di vederlo come un topo nel formaggio, un topo napoletano nel formaggio napoletano, cioè uno che sta bene in quello zoccolo duro, e indomabile, e irredimibile, e non migliorabile, e antico da sempre e per sempre, *in saecula saeculorum*, dove affondano le radici più oscure della civiltà napoletana.

Chi sta meglio di un gatto che si pappa un pesce? Chi sta meglio di un topo nel formaggio? Queste due immagini mi fanno pensare alla *salute di Rea*. La salute di Rea come scrittore è stata sempre invidiabile e robusta. Non solo nei primi libri *Spaccanapoli*, *Gesù fate luce*, *Quel che vide Cummeo*, così pieni di forza di rappresentazione, quei libri realistici quando tutti gli altri erano neo-realistici, ma anche nei libri più recenti e certo meno riusciti, come *Il fondaco nudo* o *Pensieri della notte*, dove con grande potenza è descritto l'orrore dello scontro tra il consumismo di questi anni e la vecchia società meridionale, uno scontro che ha praticamente distrutto il Sud, corrompendolo, devastandolo, degradandolo in ogni senso, e lasciandolo in preda a violenza e barbarie. Libri dove, tanto per fare un esempio, si possono trovare frasi tremende (e poetiche) come: "Buon Dio! Mio Dio! Napoli che di giorno sembra l'intruglio di un pacco intestinale, tra l'alba e l'aurora è una città lieve e sospesa".

Quale scrittore, se non uno con qualche lampo dantesco, avrebbe potuto paragonare una città all'*intruglio di un pacco intestinale*? Neppure Ceronetti è arrivato a tanto.

Ecco, è questa che ho chiamato *la salute di Rea*. Una salute che è stata resa ancora più robusta e vitale da un fatto nuovo, da una fortunata circostanza, che possiamo verificare proprio in *Ninfa plebea*, perché questo libro ne porta l'impronta inconfondibile e la felicità.

Il fatto nuovo è che Rea, forse perché l'evolversi del comune sentimento del pudore in letteratura, da Miller a Bukowski, glielo ha consentito, si è finalmente sentito libero, totalmente libero, di parlare di sesso come pare e piace a lui, senza più le remore di una volta. Questa liberazione sessual-letteraria è come se gli avesse liberato la fantasia e la poesia, assecondando una naturale vocazione. E perciò io credo che questa liberazione sessuale di Rea sia un evento di prima importanza, perché ha restituito al mondo della letteratura un tipo di erotismo sano e paesano, pagano, arcaico, ignoto ai Miller e ai Bukowski (cittadini e "moderni"), un erotismo infantile e animalesco, senza perversione e senza Freud, che pochi scrittori contemporanei hanno praticato in letteratura con la stessa innocenza naturale. Se ne trova traccia solo, a quanto ne so, in una lettera di Joyce alla moglie...

Rea ha dunque liberato un potenziale narrativo in lui prima represso, e un sesso di puzze, sangue e "schifezze" – come lui stesso dice – trova con *Ninfa plebea* una via alla poesia e alla letteratura, una via che si riallaccia al *Satyricon* di Petronio Arbitro, all'*Asino d'Oro* di Apuleio, alla novella di Andreuccio da Perugia di Boccaccio, e soprattutto al favoloso realismo seicentesco de *Lo cunto de li cunti* di Giovanbattista Basile, bibbia e summa di tutta la narrativa orale e scritta precedentemente a Napoli e nel Meridione d'Italia.

Qual è la differenza tra questo Rea e quello dei primi racconti? Che in quello il realismo era più forte della poesia e in questo la poesia la vince sul realismo. Qui la realtà è resa innocua dalla lontananza e dalla favola (e da una certa maniera) e non può più ferire, turbare, essere interrogata, o istaurare un confronto dall'esito incerto. Qui la realtà è solo un teatrino dell'immaginario, abitato più da figure e figurazioni poetiche che da personaggi e situazioni reali. E questo è ancor più evidente nella seconda parte di *Ninfa plebea* – meno riuscita della prima –, quella dell'incontro col giovane contadino Pietro dopo il bombardamento, e del successivo matrimonio di lui e Miluzza, che chiude, come ogni favola che si rispetti, con un lieto fine il racconto. Ma anche qui un'invenzione poetica ha la meglio sulla realtà quando Miluzza, nonostante i suoi trascorsi, si scopre la notte del dì di nozze pura e vergine, come testimonia all'antica maniera il suo sangue allo sposo. E che fosse una creatura innocente, della poesia più che della realtà, lo avevamo sempre sospettato lungo la lettura di questo cunto.

* * *

Come mai a Napoli *la cultura* (filosofica, critica, storica, ecc.), da Vico a Croce, è stata sempre una cultura internazionale, e *la letteratura* invece, a parte il *Pentamerone*, non ha un solo romanzo, un solo libro di poesia, cui possa attribuirsi dimensione europea?

Come mai i pensatori pensavano e scrivevano *in italiano* (bellissimo quello di Croce) e gli scrittori, gli autori teatrali, i poeti, pensavano e scrivevano per lo più in dialetto, o in un italiano che definirei "borbonico", come quello di Mastroianni o della Serao?

Come mai in Sicilia la cultura non può dirsi all'altezza di quella napoletana, ma la letteratura con Capuana, Verga, Pirandello, De Roberto può ben dirsi di livello europeo?

Come mai questi scrittori siciliani si erano tutti assunti la responsabilità di scrivere in italiano, e gli scrittori napoletani no, con rare eccezioni?

Per capire come mai bisogna risalire alla Rivoluzione del '99, (sì, sempre a quella!), alla frattura che provocò nell'animo dei napoletani quella specie di guerra civile combattuta all'interno della loro città, alla reazione della piccola borghesia nei confronti della plebe, e a quella inconsapevole strategia, accattivante e difensiva (anche nell'uso del dialetto), che fu secondo me (come ho cercato di spiegare ne *L'armonia perduta*) all'origine della "napoletanità"; cioè di una forma di civiltà che permeò ed improntò di sé ogni aspetto della vita a Napoli, e dunque anche la letteratura, che dalla vita trae alimento e parole. Il pensiero fu più libero da questi condizionamenti, perché non solo poteva ricollegarsi alla mai spenta tradizione illuminista, europea per vocazione e italianissima per linguaggio, ma anche perché il pensiero, per sua natura, non ha l'obbligo, come la letteratura, della rappresentazione e del rispecchiamento, non si appropria delle emozioni e dei sentimenti e del linguaggio della gente comune. Può questo spiegare perché Croce scriveva in italiano, e invece Di Giacomo, Viviani, De Filippo in dialetto, o in un italiano con forte intonazione dialettale, "una lingua un po' francese, un po' regionale e un po' confusionale" "borbonica" appunto come quella della Serao? Forse sì, almeno in parte. E c'è da aggiungere che la "napoletanità" credette di bastare a se stessa e di sé si compiacque, si chiuse in sé e nel proprio dialetto, e tutto questo ebbe un effetto ritardante, anche per la letteratura, che preferì ruotare perennemente intorno al "discorso su Napoli" e alla propria piccola identità, invece di affrontare il grande mare della modernità, cioè il divenire e il trasformarsi del nostro tempo.

C'è chi dice che Di Giacomo vale Verlaine, De Filippo vale Pirandello, Viviani vale Brecht e la Serao, magari, Maupassant. Ma se è vero che essi hanno raggiunto nei momenti migliori una grande intensità poetica e rappresentativa, non possono certo rientrare nella tradizione grande-borghese europea, perché nella concezione artistica, e nelle idee che ne sono il fondamento, essi riflettono il mondo che gli era proprio, quel mondo della "napoletanità" e della piccola borghesia napoletana, di cui si è detto. Essi insomma non partirono da questa loro piccola identità per arrivare a quella grande e universale della letteratura occidentale, come hanno fatto Canetti, Borges,

Singer e tanti altri ai nostri giorni, non si nutrirono come loro di quella cultura che era comune a Proust e a Mann, a Musil e a Joyce, per affrontare, anche dal punto di vista formale, i problemi dell'uomo contemporaneo, ma rimasero sempre a Napoli, in una Napoli color seppia, da fotografia Alinari.

Ho già detto una volta che il dialetto di oggi non è il vigoroso dialetto pari a una forza della natura o a un'eruzione del Vesuvio, che scaturisce dalle pagine del Basile. È il dialetto accomodante ereditato dalla "napoletanità", il dialetto smidollato del cantante, il dialetto ammiccante del teatrante. Chi decide di scegliere questo dialetto può contare su una buona dose di complicità e di consenso precostituito, soprattutto se fa spettacolo. La lingua no, deve crearlo questo consenso per virtù propria, per l'abilità dell'artista che la usa. La complicità e il consenso implicito nell'uso del dialetto, però, si pagano, perché sono il più delle volte un limite o una scappatoia che riguarda non solo l'espressione verbale, ma proprio le idee, i sentimenti, i pensieri.

Un vero artista si pone sempre in conflitto con la società di cui fa parte, pur tenendo conto dei suoi umori. Ma se al posto del conflitto c'è la complicità e il consenso offerto dal dialetto, che a sua volta è espressione di un'omologazione sociale – come quella operata dalla "napoletanità" – diventa più difficile per un artista creare quella tensione che è alla base del suo lavoro.

Gli scrittori siciliani, come ho detto, hanno sempre avuto la forza e l'ambizione di scrivere in italiano, rifiutando il loro dialetto (che pure è bello ed espressivo) anche quando dovevano far parlare personaggi del popolo che in lingua non si sarebbero mai sognati di parlare e dunque non sarebbero mai apparsi plausibili. Ma essi si inventarono – come Verga con *I Malavoglia* – un italiano con mimèsi sintattica dialettale, altamente suggestivo ed "artistico". E anche Pirandello, al modo suo, si inventò una propria lingua teatrale. Il fatto è che in Sicilia, pur essendo molto forte la "sicilianità", non esiste quel tipo di omologazione sentimentale data dalla "napoletanità", e la divisione tra le classi, per esempio, è più rigida, così come quella tra città e campagna.

Tutto questo ha avuto i suoi riflessi nella letteratura, che da Verga a Borgese, da Brancati a Lampedusa e a Sciascia è stata sempre molto critica rispetto alla "sicilianità" (senza mai rinnegarla), ora con accenti tragici ora ironici. Quanto alla tradizione di pensiero, alla cultura speculativa che in Sicilia non ha avuto lo sviluppo che ha avuto a Napoli, mi viene sempre in mente, ma non so se vale come spiegazione, quanto una volta disse Moravia a proposito di Sciascia: che cioè Sciascia non era affatto un illuminista, come lo definivano i francesi, perché illuminista è chi parte dalle cose oscure e le rende chiare con l'uso della ragione. Sciascia era invece un siciliano che parte dalle cose chiare e le rende sempre più oscure e complicate ragionandoci sopra. Come fa Pirandello che ragionando non cerca una verità quanto di inventarsi una realtà o di provocare un'emozione. Ma è qui, appunto, il suo genio, il genio dei siciliani.

Un cambiamento importante rispetto al passato c'è stato a Napoli con gli scrittori della mia generazione, perché Rea e la Ortese, Compagnone, Patroni Griffi, Prisco, la Ramondino, Pomilio, tutti insomma gli scrittori di questa generazione, e Carlo Bernari che li aveva preceduti di poco, scrivono in italiano, tutti hanno rotto il canone (per così dire) della "napoletanità", anche se non sempre si sono sentiti liberi dal riferimento alla propria città. Essi scrivono ognuno secondo il suo estro e il suo stile in modi molto diversi da quelli della letteratura della napoletanità, ma – bisogna ammetterlo – non c'è tra loro uno scrittore pari a Gadda o a Calvino, e nessuno di loro ha scritto un romanzo "nazionale" come *Il Gattopardo*. Nessuno è riuscito a scavalcare le mura di certe esperienze europee – almeno per ora così sembra – e tutti sono rimasti al di qua; a nessuno è riuscito di conquistare quell'universalità che fa un libro veramente grande. In questo senso, anche come scrittori, a Napoli siamo europei scontenti.

Di fronte alla disperazione per i propri problemi irrisolti, Napoli si consola esibendo i titoli della sua nobiltà culturale. La cultura diventa così molto spesso un diversivo, un modo per distrarsi, per non affrontare direttamente e pragmaticamente quel viluppo inestricabile di quotidiane difficoltà che stringe la città e la tiene nello stato in cui è.

Qualche anno fa, per esempio, si parlò – e i giornali lo ripeterono convinti e speranzosi – di un non ben precisato Rinascimento culturale napoletano, e addirittura di "giacimenti culturali" di cui eravamo ricchi e che dovevamo sfruttare meglio. Si volle vedere nella casuale e concomitante apparizione di un film molto riuscito di Troisi, di una commedia molto originale di Ruccello, di un'opera musicale molto sorprendente di De Simone, di un romanzo molto interessante della Ramondino, e non ricordo bene in quanti altri eventi, una connessione significativa, qualcosa appunto come un Rinascimento che avrebbe potuto risollevare la città da quel Medio Evo in cui pare tante volte abbandonata. Ma a parte il fatto che gli eventi culturali – Tucidide insegna – non risollevano, ahimè!, la sorte delle città, è chiaro che le opere da me ricordate erano solo il segno del talento individuale di alcuni autori, che avevano saputo ben combinare quel talento con la tradizione loro propria, e non erano perciò il segno di nessun Rinascimento e non potevano consolarci di nessun Medio Evo.

Ecco, tutto questo fantasticare, era anche, io credo, un'altra manifestazione di quella autoreferenzialità napoletana cui ho più volte accennato, e serviva solo a produrre una speciale forma di retorica tutta nostra.

Anche nel corso di quest'anno '92-'93, cui fa riferimento questo mio taccuino, non sono mancate – Rinascimento a parte – opere creative che fanno sentire la vitalità di una città ricca di talenti. Il romanzo di Rea, *Ninfa plebea*, quello di Anna Maria Ortese, *Il cardillo addolorato*, così diversi eppure nati dalla stessa matrice (*Lo cunto de li cunti*), che sono stati per mesi ai primi posti nella lista dei best-seller, insieme all'immancabile ultimo libro di De Crescenzo *Il dubbio*, e poi *Socrate*. Due film, *Morte di un matematico napoletano* di Martone e *Libera* di Corsicato, e un documentario d'autore, il *Diario napoletano* di Rosi. E ancora, alcuni studi sul carattere della città, come *Lo specchio della vita* di Stefano De Matteis, *La città porosa* (interviste di autori vari), un pamphlet di Giovanni Russo *I nipotini di Lombroso*, in risposta a *L'inferno* di Bocca, *Un'altra Napoli* di Ghirelli, *L'Italia del grand tour* di De Seta, l'imponente "summa neapolitana" di Mozzillo *Passaggio a Mezzogiorno*, una rivista letteraria diretta da Goffredo Fofi: "Dove sta Zazà..."

Morte di un matematico napoletano, di Mario Martone, è un film d'esordio, come *Libera* di Corsicato, girato con pochi mezzi e molta dedizione. Un film singolare, direi anomalo, perché, come quello di Corsicato, non rassomiglia a nessun film su Napoli, e perché sono i suoi stessi "difetti" a renderlo notevole.

Il primo difetto del film di Martone è un difetto di memoria, nel senso che l'autore, per ragioni anagrafiche, non ha memoria diretta della Napoli che racconta, e perciò deve inventarsi una Napoli anni Cinquanta che lui non ha mai conosciuto.

Il secondo è un difetto di narrabilità, perché un suicidio per sua natura è poco narrativo, è sempre un fatto molto privato, molto misterioso, le cui motivazioni sfuggono anche a chi lo commette.

Il difetto di memoria produce nel film di Martone una memoria immaginaria, che agisce da correttivo ad una rappresentazione troppo realistica, la rende più astratta, la alleggerisce, stilizzandola con una rigorosa selezione di immagini e inquadrature "tonali", tutte tese a cogliere quel dato essenziale che basta da solo a creare un'atmosfera, a far nascere un sentimento e un'emozione. Una Napoli presa di scorcio e mai in diretta, ventosa e piovosa, come nella memorabile scena del funerale di Caccioppoli, in cui lo si commemora e nello stesso tempo lo si cancella nella chiacchiera che segue. Più che una rappresentazione, quella di Martone è il sogno di una realtà, e spesso la realtà riesce a vederla solo chi mentre la vede la sogna.

Quanto al difetto di narrabilità inerente al suicidio di Caccioppoli (il matematico napoletano, nipote di Bakunin, che molti a Napoli ancora ricordano per il suo fascino di *maudit*) Martone non tenta mai una spiegazione di tipo psicologico. Vi accenna in vario modo, per allusioni continue e stranianti, che arrivano allo spettatore solo come segni di un disagio umano ed esistenziale, di un malessere che man mano dal protagonista si estende e sembra coinvolgere tutta la città. Così, quello che avrebbe potuto essere, in omaggio alla narrabilità, il racconto di un amore tragico o di un'ideologia tradita (Caccioppoli si era diviso dalla moglie che amava, ed era un comunista in crisi) diventa solo la rappresentazione fenomenologica di un vicolo cieco molto napoletano (anche nel senso letterale dell'ambientazione), dove si dibatte in un continuo andirivieni da animale in trappola questo protagonista cui è stato dato il nome di Caccioppoli e che forse è solo l'anima in pena della città.

E perciò Aldo Schiavone ha notato, con bella intuizione, che Caccioppoli in questo film è l'emblema del suicidio di una città, allora solo presentito e oggi sul punto di compiersi. E perciò Silvio Perrella ha scritto: "Noi che viviamo a Napoli come tanti Caccioppoli [...] quella città la guardiamo immersi nel buio della sala, non sapendo se rimettere piede fuori o rimanere lì".

Libera di Corsicato è un film che rivela, ancor più del film di Martone, la povertà di mezzi con cui è stato girato e la fa diventare un dato estetico. Anche qui l'autore ha compensato con la fantasia quella povertà, ma non fino al punto di cancellare una certa rozzezza di racconto, un senso di "non finito", che, pur inerente a questo tipo di film, si sarebbe notato meno se l'autore avesse avuto un po' di soldi in più. Corsicato è stato aiuto di Almodovar, e si vede. Ma ha saputo così bene innestare quel tipo di immaginazione e quella maniera a una realtà napoletana – anzi ha saputo così bene intuire che la realtà napoletana già lo conteneva in sé – che l'innesto è apparso del tutto naturale. La scelta del Centro Direzionale con le sue architetture ascensionali e ultramoderne, che avrebbe potuto apparire un puro pretesto formale, si rivela un altro piccolo colpo di genio. Si sente immediatamente, a causa di questa ambientazione forzata, l'assurdità di una modernizzazione altrettanto forzata imposta a una città che non la sopporta, e anche l'impatto con un consumismo straniante e superficiale che provoca solo delusione e solitudine nelle anime, e degrado morale. Ma tutto è raccontato qui con ironia sfarfalleggiante, e la vecchia serenata, resa impossibile dall'altezza sproporzionata di un grattacielo, o la canzone *Angelitos negros* cantata in un raptus gay dal prete ai muratori che stanno riparando la chiesa, e tanti altri momenti come questi, sono irresistibili e rimangono nella memoria, facendo dimenticare l'andamento discontinuo del film.

"Il cardillo addolorato" della Ortese

Mentre leggevo *Il cardillo addolorato*[43] di Anna Maria Ortese non ho potuto fare a meno di pensare che, quando vogliono, le Signore della Fantasia, come la Ortese appunto, o la Blixen per esempio, sanno essere più realiste del re. C'è un libro dove lo sguardo sulla realtà è più spietato che ne *Il mare non bagna Napoli*? Quello sguardo che implacabile si posa sulla "città involontaria" (l'agglomerato del III e IV Granili, a Portici) e tutte ne scopre le deformità e gli assurdi orrori? Quello sguardo da entomologo che isola Rea e Compagnone in due ritratti iperrealisti di rara potenza, che si sofferma sui piedini di bambola di Prunas, o sui capelli troppo radi, che lasciavano intravedere il cranio, della moglie di un altro personaggio? E, analogamente, com'è possibile dimenticare ne *La mia Africa* della Blixen quella capacità di penetrazione di una raffinata aristocratica europea nei confronti di una terra primordiale e selvaggia, che all'improvviso, sotto il suo sguardo, sembra svelarci il suo mistero?

Dunque queste Signore della Fantasia, come rispettosamente le ho chiamate, se volessero sarebbero capaci di essere più realiste di Balzac o di Dickens, e lo hanno dimostrato. Se preferiscono invece la fantasia per costruire opere adatte al riposo, come dice di sé la Ortese – ma adatto al riposo il suo libro non è, perché come fa ad essere riposante una sinfonia sul dolore del mondo? E quel canto del Cardillo che perseguita il lettore fino all'ultima pagina, come può essere adatto al riposo? – se tutto questo avviene è perché c'è stata una decisione, è perché la realtà già conosciuta da loro e rappresentata e sondata fino in fondo non bastava più a queste Signore, a queste Visionarie. Le loro opere nascono da una ribellione alla realtà, dal fatto che la realtà sembra loro troppo angusta e in definitiva irreale.

Goffredo Fofi a proposito del *Cardillo addolorato* ha parlato di estremismo, di un'esperienza estrema dell'animo che si fa letteratura. Io userei la stessa parola, estremismo, in un senso ancora più radicale, nel senso di un drastico rovesciamento della realtà comunemente accettata. Questo estremismo ha la sua ideologia in una concezione della Natura (e della Vita) sovvertitrice al punto di presupporre un diverso rapporto tra l'uomo e il mondo, una nuova cosmogonia. Qualcosa di simile a quel che accadeva quando a Bisanzio i padri della chiesa vedevano apparire una eresia che sconvolgeva l'armonia già stabilita con Dio. Qui, nel libro della Ortese, l'eresia è il canto del Cardillo che nella gioia e nel pianto ricorda come l'uomo, la vita dell'uomo su questa terra, con tutte le sue religioni, compresa quella cristiana, è il Male. Perché è stato l'uomo, l'avvento dell'uomo sulla terra, a uccidere o a ferire d'una ferita mortale – come fece San Giorgio col Drago – la Natura che c'era prima della sua venuta. Il Cardillo e tutti i vari folletti del libro sono emanazioni di quell'altra Natura. Il desiderio lancinante del Bene, di un'altra vita che avrebbe potuto essere la nostra, sempre contrastato dal Male vincente, si riferiscono a questa Gnosi personalissima della Ortese, espressa anche in altri suoi libri, soprattutto in alcuni saggi di *In sonno e in veglia*.[44]

È da lì, dal regno dimenticato di quell'altra Natura (e dal Regno di Napoli), che si leva alto sulla letteratura italiana dei nostri giorni il canto di questo Cardillo.

Letterariamente parlando è come se *Lo cunto de li cunti*, il grande libro barocco del Basile, questo *Mille e una notte* napoletano che non smette di dar frutti d'ogni specie e sapore (e *Ninfa plebea* di Rea è stato il più recente), avendo iniziato il suo viaggio in Europa, essendo stato amato e imitato, avendo stabilito relazioni un po' dovunque, e parlato francese con Perrault, tedesco coi Grimm e così via, dopo un così lungo viaggio, dopo aver per due secoli dato e avuto, fosse finalmente ritornato a Napoli via Liegi, più aggraziato nei modi e nelle maniere di quando era partito e quasi irriconoscibile per l'acquisita levità, euro-napoletano insomma in tutto e per tutto, anche se arricchito di sogni germanici – fosse tornato, dicevo, via Liegi nella sua terra d'origine, sulle ali della fantasia di Anna Maria Ortese.

Solo così riesco a spiegarmi la sua improvvisa apparizione nel panorama della nostra letteratura: perché questo *Cardillo addolorato* è talmente diverso dai libri scritti oggi in Italia che a volte, leggendolo, sembra di entrare in un altro mondo, in un libro appartenente ad un'altra civiltà da noi lontana, come, che so, il *Libro di Genij* della dama Murasaki.

E qui, sempre a proposito dell'estremismo della Ortese, dopo quello *metafisico* cui ho già accennato, si potrebbe anche parlare di un estremismo *storico* oltre che di un estremismo *letterario*. Storico perché il Cardillo non tien conto alcuno della Storia: cosa può importare a lui della Modernità (cosiddetta) e di tutte le idee che la prepararono, compresa quella della Ragione Illuminata e dei Diritti dell'Uomo? Il suo canto è solo irrisione delle "magnifiche sorti e progressive". Insomma, questo *estremismo storico* preferisce "la città sotterranea" alla Napoli Nobilissima, la "porosità" mediterranea alla Ratio europea, e perciò di proposito salta bellamente due secoli e ambienta la sua favola in una Napoli azzurra e rosa di fine Settecento, "oscura e beata" capitale di un regno "senza fondamento di bontà o ragione, e perduto nello sfrenato Immaginario". L'altro estremismo è l'*estremismo letterario*, che mescola una "sublimata opera buffa" a una "pura tenebra metafisica", il Barocco mediterraneo al Romanticismo nordico e a certe sue gotiche figurazioni, il falso della Retorica con la misura del Vero, e provoca un curioso paradosso: che uno dei libri più "europei" che siano stati scritti oggi in Italia, e più accessibile a qualsiasi lettore europeo, venga *non* dalla Napoli europea e illuminista, ma da quell'altra, dalla "città sotterranea" di cui si è detto, dalla città antica della plebe, con tutte le sue superstizioni, monacielli, folletti, streghe, palummelle, fantasmi e altre fantasticherie.

Questo libro non è facile da riassumere e persino l'autrice stessa quando ha tentato di farlo si è un po' ingarbugliata. Così come si ingarbuglia il lettore mentre lo legge, e a volte si spazientisce. È un libro che richiede predisposizione e devozione da parte del lettore e talvolta perfino una certa rassegnazione. Il fatto è che le categorie mentali di questo lettore, quelle di ogni comune lettore, non sono sempre adatte, proprio perché sono comuni, ad afferrare il senso di questa storia. Bisogna, leggendo, addestrarle a poco a poco, raffinarle, metterle sulla lunghezza d'onda necessaria per entrare in sintonia. Oppure bisogna abbandonarsi ad occhi chiusi e lasciare che la narratrice, novella Sherazade, si impadronisca con le sue arti magiche della nostra immaginazione, ci tenga in uno stato di ipnosi, prigionieri dei suoi fragili incantamenti. Così in questo stato ci inoltriamo nella lettura. E può anche capitare, seguendo questo volo ad alta quota della fantasia, di incontrare cieli troppo rarefatti o dei veri e propri vuoti d'aria. E allora il libro sembra di colpo perder quota o di precipitare in quel vuoto. Ma un colpo d'ala arriva sempre al momento giusto, e si può riprendere l'ardita rotta.

Raccontare la trama di questo libro, l'ho detto, non è facile, anzi è impossibile, specie poi se si volesse raccontarla dettagliatamente; e tuttavia mi proverò a darne un'idea, uno schema. Al centro, come in ogni favola che si rispetti, c'è una Bella (la bella Elmina, figlia vera o adottiva di un guantaio napoletano) che custodisce un segreto, e questo segreto l'ha resa impenetrabile agli altri, una sfinge dal cuore di pietra (o così sembra). Come in ogni favola anche qui c'è un Principe (il generoso romantico nobile Neville) e questo Principe vuole scoprire il segreto della Bella da cui è irresistibilmente attratto. Ma è troppo colto, troppo "istruito" (Elmina non lo è affatto) per capire ciò che non va capito con l'intelletto (e ogni lettore è portato ad identificarsi con lui). E come in ogni favola c'è infine un Mago, che qui è il Duca Benjamin Ruskaja, polacco, amico di Neville, che, servendosi di una lente in cui si può vedere ciò che accade lontano, cerca di riannodare i fili di questa storia, e ne diventa quasi il narratore: un narratore che sa e non sa, o per lo meno sa fino a un certo punto. Di tanto in tanto risuona misterioso e ineffabile il canto del Cardillo, "regolatore angelico di scelte e destini", quel canto che è una specie di anelito ora di gioia ora di pianto, ed esprime una pietà dolorosa per la Natura tutta e i suoi confusi fanciulli: folletti, "berrettini", monacielli e altre creature tra le più rifiutate e inaccettabili. Questi esseri, infatti, insieme a personaggi veri che sembrano anch'essi sognati, si incontrano nel libro e lo affollano e ne complicano la trama.

Tutto questo fantasticare di folletti e Cardilli e altre creature si sente però che nasce da un'esperienza vera, che è forse la finale espressione di una vita in cui l'esperienza del dolore è stata portata fino in fondo. Si sente insomma che l'altezza del libro è dovuta alla profondità della sofferenza. Sì, la sostanza di questo libro, il "cuore della rappresentazione" (come direbbe la Ortese) è il dolore – la voce del Cardillo anche questo ci ricorda – il dolore della "gente piccerella", e il dolore del mondo. Questa sensazione che ci accompagna sempre come il canto del Cardillo, tempera l'artificiosità apparente della trama e anche "la banalità dei fatti arcani" che a volte infastidisce, e ce ne rivela il fondo severo e l'ammonimento tragico: "Solo il dolore si deve amare, solo quelli perduti si devono servire"...

I rapporti tra i personaggi di questa storia, soprattutto tra Elmina e il Principe Neville, non sono regolati dalle leggi della psicologia, ma da quelle più sottili e inesplicabili della favola. Per capirli bisogna abbandonare l'unica chiave di cui disponiamo ed accettarli così come sono, senza tante spiegazioni. Bisogna fare come fa Neville: sognarli. Anche i fatti, se di fatti si può parlare, non sono narrati, come di solito accade nelle narrazioni, secondo la loro importanza. Qui i fatti importanti, matrimoni, agnizioni, morti di personaggi coi quali ci eravamo familiarizzati, sono riferiti di passaggio, come fossero marginali; e invece di certi nonnulla si fa gran cosa, di certe "superfluità" si discute a non finire. Nessuna ragione narrativa, insomma, guida questa trama; la ragione è altrove, e proprio questo "spiazzamento" ce lo fa sentire.
Allo stesso modo interviene, a volte in prima persona, la voce della narratrice a dirci con una mesta, delicata, surreale ironia, che non sono importanti le cose del mondo cui diamo importanza e ci sembrano reali, come non sono importanti la politica, gli innamorati delle riforme, gli ansiosi della Costituzione, insomma "i fermenti intellettuali un po' vanitosi dell'epoca", di fronte al dolore dei "fanciulli, o folletti che siano", dei menomati, degli impresentabili, degli abbandonati da Dio e dagli uomini. E anche l'ironia che traspare qui è "estrema".

Com'è napoletano, anche là dove non sembra, com'è profondamente napoletano anche nella struttura, nella costruzione delle frasi, nella "retorica" e nel "falso", nei colori e nei paesaggi questo libro! Come si capisce che l'autrice è napoletana fin dentro l'anima, perché qui, a Napoli, negli anni decisivi si formarono le sue parole e i suoi pensieri e il suo sentimento del mondo! Tutto questo ci vien subito incontro col *Cardillo* che è nel titolo del libro, e con certe parole abilmente ripescate (e messe in corsivo), che hanno un'aura e sono come circonfuse, parole che sembravano dimenticate, sepolte, e che qui riacquistano tutta la loro carica evocativa. Parole infantili, come *"pupata"* (bambola), *"palomma"* (farfalla), *"pazzèa"* (gioca) e *"pazzariello"* (giocoso), *"soricinella"* (topolina). Ma anche parole non dialettali, italiane e francesi, comunemente usate da una certa borghesia napoletana immediatamente riconoscibile proprio per l'uso di certe parole, come ad esempio *"superfluità"*, *"persona istruita"*, *"casarella"*, oppure *"la bonne societé"*, *"maman"*, *"vous savez"*, e *"franzé"* (che è franco-napoletana, come tante parole ereditate e trasformate da quella lingua). Ci viene incontro col motivo malinconico di certe canzoni, come la canzone della *"palummella"* che *"zompa e vola"*, e con la stessa canzone del Cardillo con quell'*Oò!Oò!Oò!* di gioia, che diventa, come in tante canzoni napoletane, un *Oh!Oh!Oh!* di pianto. Ci viene incontro con certi luoghi ben noti, come i Gradoni di Chiaia, le rampe di Sant'Antonio a Posillipo, il Pallonetto di Santa Lucia, o coi balconcini panciuti dei palazzi, coi folti giardinelli felici nascosti nel retro delle casarelle, ci viene incontro con certi paesaggi del passato "che rievocare non si può, diremmo che Dio non vuole; vi è in essi alcunché dell'Eden consentito all'uomo una volta sola... egli non può rientrarvi" (che per contrasto ci ricordano tutto lo scempio loro fatto nel tempo presente).

Viene così evocata una Napoli idillica, una specie di *guache* dai colori svaporanti in una cipria rosa-celeste-viola, una Napoli sognata eppure reale, perché viva nell'immaginario di più d'una generazione; e una Napoli "che non è più Napoli ma un diosadove – un luogo straniero". E, ancora, una Napoli abitata "dal popolo sotterraneo che traffica indisturbato nella bella città, partecipando alla sua vita, ricorrenze, feste", quasi "indistinguibili tali antichi cittadini, dai viventi [...] uno stuolo immenso di ombre [...] che soggiorna tuttora in queste case". A volte anche noi, come Neville dal balcone della casa dei Gradoni di Chiaia, assistiamo a vere e proprie "visioni" (come quella processione di preti folletti e caprettino, simile a certi quadri religiosi orientali), e subiamo in questa Napoli gli assalti "che l'impavido mondo del mistero universale" muove al "fragile mondo dell'uomo". Quale trasfigurazione ha subito la Napoli de *Il mare non bagna Napoli*! E però come rassomiglia a questa!

Ma vi è qualcosa di propriamente e particolarmente napoletano nel procedimento narrativo stesso di questo libro. E non solo nella sua "retorica" e nel suo "falso" (nell'accezione data dalla Ortese), ma anche nella sua tessitura, nel suo ritmo, nella sua scansione, nella musica e nell'intonazione del suo parlato. Come in Proust la "memoria involontaria" trasforma il procedimento narrativo in poesia, così qui "lo spirito del pettegolezzo", così napoletano, la "congettura" relativa al pettegolezzo, il piacere di pettegolare, la speculazione attraverso il pettegolezzo, la sua *philosophie* mondana, l'addentrarsi bizantino in illazioni, sospetti, incisi, indiscrezioni, proprio del pettegolezzo, diventano procedimento narrativo e poesia. Perché questo avviene "anche ad una nobil mente" trafficando con Napoli. E l'invenzione della lente magica del Duca, una lente che ha il potere di "far rifiorire il passato" e soprattutto di gettare uno sguardo e aprire uno spiraglio indiscreto sulle vite degli altri, e – come una minuscola televisione a circuito chiuso – *fa vedere* quello che accade, e sentire quel che si dicono le persone in una stanza o in un luogo lontano, questa invenzione aggiunge allo "spirito del pettegolezzo" un tocco di magia e di favola del tutto imprevedibile. E così mentre leggiamo ci ritorna magicamente il suono di certe conversazioni-pettegolezzo sentite in un salotto nella lontana infanzia, o tra le poltrone di un Circolo Nautico molto esclusivo, o in una cucina tra due domestiche "vasciaiole".

Il racconto come piacere del fatto riportato e commentato con perspicacia e sottigliezza, ironia e bonaria saggezza, o con maligno intelletto – tipicamente napoletano – diventa anche l'anima strutturale dei vari dialoghi che funzionano come punti obbligati di passaggio tra una sequenza narrativa e la seguente, e per la loro natura di pettegolezzo, appunto, rendono tutto ipotetico, improbabile, fanno e disfanno ogni piccolo evento, lo spaccano in quattro come un capello, insomma, un dire e smentire continuo in cui ogni cosa può essere il suo contrario. Quando questi dialoghi sono però ascoltati da Neville, ecco che la sua passione "cieca e fantasticante" li carica di tensione e di angoscia. E come è abile la Ortese, con dei nonnulla che sono delle vere e proprie catastrofi nell'animo del Principe, a creare una situazione di dolore insostenibile, come riesce a tenere in sospeso il lettore al suo filo di ragno, a creare la cosiddetta "suspense" di rimando in rimando attraverso "rivelazioni" che poi vengono smentite. E quanto piangono, e singhiozzano, e impallidiscono questi personaggi di fronte a queste rivelazioni! Sono tutti dotati di una sensibilità sconcertante e quasi inverosimile, che però non li rende più umani, anzi accentua la loro appartenenza al mondo della favola, e la loro distanza dal "comune lettore".

E per concludere proprio in nome di questo comune lettore, vorrei aggiungere che se questo libro pieno di agnizioni subito sconfessate e di rivelazioni che subito si dissolvono come bolle di sapone, richiede pazienza e devozione, predisposizione e rassegnazione, è perché la Ortese qui non nega nulla alla propria fantasia e la lascia andare fino all'eccesso, fino a far supporre che lei stessa ne sia vittima, inseguita dagli spiriti da lei evocati (esperienza, tra l'altro, che davvero le è capitata, come dichiara in una nota). L'autrice approfitta un po' troppo della "stravaganza" della sua storia, dell'irruzione dell'assurdo, del non-legittimato da nessuna causa o precedente, ingarbuglia un po' troppo la trama "che ha la sfortuna di raccontare", la affolla di figure che hanno una loro controfigura o un doppio, disperde la forza delle sue metafore suggerendone troppe possibili interpretazioni, rende troppo spirituali – fino all'evanescenza – alcuni personaggi, trasformandoli in figure (la stessa Elmina è una figura), si abbandona un po' troppo insomma al gioco dell'illuminello con lo specchietto (il gioco della "palummella"). Sembra che un eccesso di fantasia la sospinga in un labirinto ossessivo; e in uno dei capitoli più belli del suo libro (il primo della settima parte) essa quasi chiede scusa al suo lettore, cui riserva solo "una tranquilla delusione e una cauta speranza", e lo prega "che tutto scusi, comprenda, veli un poco, ritocchi alquanto"...

Così ho fatto io. E devo aggiungere, dopo tutto questo, che sono stato ampiamente ripagato.

* * *

A volte la storia italiana di questi decenni mi sembra un immenso giallo in cui sono anche io coinvolto non so bene se come lettore o come comparsa. Certo è che questa storia è piena di misteri primari e secondari e ci tiene in quello stato di suspense che ogni vero lettore di gialli sa apprezzare. Cominciò con la strage di Portella della Ginestra, l'uccisione di Salvatore Giuliano e del suo presunto killer, e andò avanti, con un crescendo rossiniano, di anno in anno, fino ad oggi, fino a queste bombe scoppiate a Roma e a Firenze, senza che mai, mai una volta, riuscissimo a scoprire l'assassino, una chiave, un perché. Vivrò abbastanza a lungo per sapere come va a finire?

Questo giallo italiano ha un numero di puntate superiore a quello di qualsiasi serie televisiva e ha acquistato cammin facendo ora i connotati del romanzo poliziesco ora quelli del romanzo nero. Vi sono implicati di volta in volta gruppi, organizzazioni, sette, congreghe, corporazioni, lobbies, cosche, logge eccetera. A parte le vittime, unici personaggi riconoscibili e concreti, gli altri personaggi sono tutti più o meno ipotetici e non-apparenti. Così sono le varie eminenze grigie, o il Grande Vecchio ogni tanto evocato come il Mago Merlino. Ma vi agiscono anche Entità non ben definite e perciò quasi astratte, e poi la Mafia, la Camorra, la 'Ndrangheta, la Sacra Corona, la Stidda, la P.2, la Massoneria, l'Organizzazione Gladio, i Servizi Segreti, Cosa Nostra, la Cupola, il Palazzo dei Veleni... Nomi avvolti nel mistero, nomi da cui emana un'atmosfera vetero-romanzesca, da Ottocento, che fa pensare più a Dumas o a Ponson Du Terrail che a un autore di oggi; più all'Italia dei Briganti, alla romantica Italia delle *Cronache italiane* di Stendhal, che a un paese moderno. E l'impressione aumenta se si inseriscono nel quadro banchieri famosi, generali, ammiragli, cardinali della Chiesa, sequestratori di persona, pentiti, confidenti, terroristi, assassini, Corvi, Talpe, Cani Sciolti, portaborse, faccendieri, delatori, inquisiti, carcerati e personaggi dai nomi pittoreschi come Ghino di Tacco, il Topo o Belzebù, o "pezzi delle istituzioni" sempre coinvolti in tenebrose vicende e in tenebrosi ambienti, come *"Il ponte dei Frati Neri"* (dei *"Black Friars"*). Certo per essere un buon giallo è troppo truculento e ingarbugliato e c'è il rischio che un lettore normale non ce la faccia a tener dietro a tutte le trame, a legare tutti i fili, c'è il pericolo che la confusione mentale si impadronisca di lui e il marasma subentri alla curiosità. Per ora io resisto, ma quanto può durare?

Chi ha fatto esplodere le bombe di Roma e di Firenze? Il Ministro degli Interni, i giornali, la gente, fanno supposizioni: la Mafia, i Serbi, la Cia... In tanti paesi del mondo esplodono bombe, non sempre i colpevoli vengono smascherati, ma almeno si sa chi sono, qual è l'organizzazione che li muove, quali sono gli scopi e gli obiettivi che si propongono. L'ETA, l'IRA, i fondamentalisti, i Fratelli Musulmani, i terroristi di Al Fathah. Solo in Italia non si sa *niente*. Tutte le stragi italiane hanno avuto questa caratteristica: di essere indecifrabili, di non aver comunicato niente di comprensibile, di essere solo materia di fantasiose illazioni di giornalisti, politici e dietrologi di professione. Sembra insomma che queste bombe con tutto il pesante carico di sangue e di vite umane che trascinano con sé siano dei *messaggi* che si inviano quelle tali misteriose *Entità* (così le chiamiamo, ormai, senza vergognarcene) sopra le nostre teste di sudditi sottomessi.

Così gli italiani sono gli unici in Europa costretti a pensare che lo Stato che li governa non sia quello che ha i rappresentanti in Parlamento regolarmente eletti dal popolo, ma quell'altro Stato Occulto, con quell'altro parlamento, dove, in misteriosi conciliaboli, misteriosi personaggi con caratteristiche antropologiche pre-industriali e primordiali (come il mafioso Riina, per esempio) decidono dove fare scoppiare le bombe e quanti morti occorrono. Questo stato clandestino, come uno stato azteco dell'epoca di Montezuma, compie a scadenze fisse i suoi sacrifici umani per ragioni che non ci sarà mai dato di conoscere.

Quale popolo non si ribellerebbe, dopo anni di vergognosa sopportazione, esigendo finalmente di sapere la verità?

Francesco Rosi meglio di ogni altro ha saputo raccontare nei suoi film questa "anomalia italiana". Tutti i suoi film, da *Il bandito Giuliano* a *Il caso Mattei*, da *Lucky Luciano* a *Cadaveri eccellenti* presentano sempre una storia puntualmente documentata nei fatti, piena di intrecci e connessioni, di cui però non si viene a capo. Sono tutti casi non risolti, tutti casi accaduti sotto i nostri occhi, e non risolti. Tutti casi in cui sembra di intravedere la verità, la si rasenta, senza mai afferrarla. Più che un cinema politico, il suo è il cinema del nostro malessere nazionale, della democrazia malata dell'Italia di questo quarantennio. Una democrazia che non sa guardare a se stessa fino in fondo perché non vuole, o forse, dato il sistema politico, non può conoscersi; e dunque non può correggersi riparando i suoi mali.

Questa particolarità dei film di Rosi fa sì che in essi la forma espressiva, la costruzione, il modo di girare le varie sequenze, eccetera, siano anche essi in funzione di questa impossibilità di venire a capo dei fatti narrati risalendo alle cause, e quindi la loro struttura rassomiglia a un mosaico in cui le tessere scomposte lasciano soltanto intravedere la figura nascosta. L'apparente disordine stimola anche nello spettatore lo sforzo di ricostruire, di legare, di cercare rapporti e connessioni che ci avvicinino a quella verità sempre sfuggente che il film vorrebbe afferrare.

Così i film di Rosi, per il loro contenuto e per la loro forma, ci danno una rappresentazione non contingente dello smarrimento tragico da cui la coscienza civile di tanti italiani si è sentita travolta in questi anni, e ci trasmettono anche la volontà di superarlo attraverso la conoscenza dei fatti accaduti.

Più che una città-soglia tra un'Europa Carolingia e una civiltà mediterranea – in decadenza, e ancor sempre però suscitatrice di sogni – Napoli io la vedo come città avamposto, città sentinella, o se si preferisce città di confine tra l'Europa dei privilegiati e lo sterminato oceano dei diseredati del Terzo Mondo. Da qui, da Napoli, come da una balaustrata che s'affaccia sopra un abisso, si può vedere meglio la vastità di questo oceano, sentirne vicino l'alito tremendo e il pericolo di esserne risucchiati. È un oceano di miseria ai limiti della sopravvivenza e spesso al di sotto, ma anche riserva di un'umanità più antica con tutti i vizi e le virtù che l'accompagnano. Un oceano appena trattenuto da una diga sottile di leggi e divieti, che un giorno straripperà inondando la terra dei privilegiati e coprendola di una marea inarrestabile. E quello sarà il momento della verità che ridimensionerà tutti i nostri orgogli e tutte le nostre presunzioni. Anche se questo è solo un pensiero che riguarda un evento per ora solo immaginario, io credo che a Napoli lo si immagini meglio che altrove.

Anche perché, a Napoli meglio che altrove e quasi per legge di natura (un vulcano, terremoti ed altri sgarrupi), sappiamo cos'è la precarietà dell'esistenza e l'incostanza della Fortuna. Sappiamo che il Destino, da un momento all'altro, può cambiare. E così le leggi che regolano il mondo.

Insomma, io credo che a Napoli, meglio che altrove, *si sa* che ogni uomo è fondamentalmente, nella sua umanità, uguale a un altro; e lo si sa senza nessuno spirito evangelico e direi persino senza nemmeno un senso di solidarietà, ma proprio come un dato incontrovertibile. La sua posizione di città avamposto, di città sentinella, di città di confine col Terzo Mondo – un Terzo Mondo in qualche modo anche vissuto in proprio, sulla propria pelle – rende Napoli più sensibile di qualsiasi altra città europea alle parole dello Shylock shakespeariano. Se si ha l'accortezza di sostituire la parola *ebreo* con la parola *Altro* (con la lettera maiuscola per indicare *tutti* gli altri, gli immigrati, i "diversi" di pelle, di colore, di religione), sentite come torna bene il suo sfogo:

"Un *Altro* non ha occhi? Non ha mani un *Altro*, membra, sensi, corpo, sentimenti, passioni? Non si nutre anche lui di cibo, non è ferito anche lui da un'arma, non è soggetto anche lui alle malattie, guarito anche lui dalle medicine, scaldato anche lui dall'estate e gelato dall'inverno, anche lui come un qualsiasi cristiano? Se lo pungete non sanguina? Se gli fate il solletico non ride?"...

Questo a Napoli *si sa*, si è sempre saputo. Vero è che Shylock alla fine del suo sfogo parla di vendetta e dice: "Metterò in pratica la malvagità che m'insegnate, e sarà difficile che non superi i maestri". Insegnamento non certo da seguire, ma forse ci penserà la Storia a impartircelo, una Storia che non dice "chi ha dato, ha dato, ha dato / chi ha avuto, ha avuto, avuto", ma che forse sarà più intransigente. E anche questo a Napoli *si sa*, superstiziosamente da sempre, si sa.

Trasmettere all'Europa dei tronfi, all'Europa dei presuntuosi, all'Europa degli affaccendati, dei soddisfatti, dei nutriti, degli scalmanati, un po' di questo tipo di sensibilità, è cosa che potrebbe riguardarci. Ma ciò non vuol dire che dobbiamo coltivare quelle forme di terzomondismo culturale che fanno pensare più alla storiella della volpe e l'uva (non potendo raggiungere la "modernità", diciamo che non ci piace) che a un futuro praticabile. Cerchiamo invece di non rinunciare ai vantaggi che una modernità giustamente assimilata potrebbe arrecarci non solo in termini di servizi sociali (per una città più vivibile e meglio presentabile) ma anche in termini di concezione della vita, cultura, apertura ai grandi problemi del mondo.

Anna Maria Ortese si domanda sul "Corriere", evidentemente per spiegare le ragioni del suo scrivere, se è lecito *inventare* qualcosa o se per forza "le cose *devono* essere tutte *reali*". E dice che nessuna cosa "a pensarci è veramente reale" e anzi "a lungo andare il reale si fa noioso e terrificante. L'invenzione al contrario è lieta e rassicurante, non per niente i libri dedicati al riposo sono fondati sull'invenzione".

Sono d'accordo con lei che il reale non sempre è reale, ma proprio per questo penso che l'invenzione non possa mai essere avulsa dalla realtà. L'invenzione di un vero artista ha sempre a che fare con la realtà. Non è del tutto inventata *Alice nel paese delle meraviglie*? E però è reale e ci parla di una condizione reale che tutti abbiamo sperimentata e perciò riconosciamo. Non è reale *Il Processo*, più reale, come abbiamo constatato dopo, di quanto Kafka stesso avrebbe potuto mai immaginare? E, a suo modo, non è reale lo stesso *Cardillo*?

Ciò che è inventato non ci interessa quando è *solo* inventato e non ha rapporto con *niente*, nemmeno con un modo di concepire l'invenzione artistica, ma ci interessa quando è inventato per qualche ragione che magari sfugge allo stesso inventore. E questa ragione ha sempre a che fare con la realtà, con una sua interpretazione. Ci sono moltissimi libri al di fuori della realtà, invenzioni assolutamente campate in aria. Ma quelle non sono liete né rassicuranti, e neppure adatte al riposo. Sono *nada de nada*.

La *Ninfa* e il *Cardillo* sono due libri certamente notevoli dal punto di vista letterario, ben accolti dalla critica e dal pubblico, barocchi entrambi, anche se in modo del tutto diverso (di maniera realistica il primo, di maniera favolistico-visionaria il secondo), ma sono soprattutto rivolti entrambi al passato. Non si pongono in confronto con le cose d'oggi, con una idea di letteratura o con gl'interrogativi, i dubbi, le incertezze, le paure che ci stanno davanti giorno per giorno. Non sono due libri che parlano del passato per parlare del presente (come tanti grandi libri, da *Guerra e pace* a *I promessi sposi*), ma per voltare le spalle al presente: o perché il presente è ormai sfuggito e non lo si riconosce più (Rea), o perché, appunto, a lungo andare "il reale" – vale a dire il presente – "si fa noioso e quasi terrificante" (Ortese).

Due libri insomma molto napoletani anche in questo, perché rispecchiano un rifiuto del presente, una sfiducia nel futuro, un rifugiarsi in un mitico passato mai esistito, che è proprio di una società civile, stanca e rassegnata, come quella di Napoli oggi.

A proposito di "Dadapolis", una scelta antologia di sguardi, pensieri e osservazioni su Napoli e i napoletani, dei viaggiatori e delle anime belle che la visitarono nel corso dei secoli per ammirarla o denigrarla, c'è da dire che non sono stati solo loro a misurare la città col loro metro, ma anche Napoli li ha misurati col suo. E ancora oggi è così.

Loro, gli occasionali visitatori, vengono, guardano, criticano, approvano, disprezzano, emettono giudizi e covano pregiudizi. "Sterco di migratori" ha scritto con bell'immagine Erri De Luca. Uno sterco che di solito concima il terreno su cui cade, si dice. Oppure tutto questo andirivieni è servito almeno a confermare Napoli nella sua reputazione di città puttanesca dalle molte frequentazioni, ad attribuirle tono e *nonchalance* cosmopolita, e anche quello scetticismo, quell'aria di chi le ha viste e sentite tutte per stupirsi ancora di qualcosa, che è proprio delle città capitali. E senza stupirsi, con questo spirito, Napoli misura estimatori e spregiatori. Perché ognuno, parlando di Napoli, con le sue stesse parole ha involontariamente dato conto di sé, ha detto chi è rispetto a questa pietra di paragone rivelatrice di piccole e grandi figure, di pensieri meschini o generosi, di menti ottenebrate o illuminate, di anime leggere o pesanti, e così via. Un confronto in fondo temibile con un'entità vasta e sfuggente, sconcertante e complessa, dotata di qualche potere attinto dalle sue forze infere. Un confronto che divide sempre gli ospiti di passaggio in due categorie, in due tipi di natura e umanità differente: quelli istintivamente aperti a lei e quelli istintivamente chiusi a lei, al genio del luogo. E così Napoli diventa una specie di macchina della verità, cui senza saperlo essi si sottopongono.

È vero, "non si deve mai confondere la città col discorso che la descrive", come ha detto Calvino.[45] "Eppure tra l'una e l'altro c'è un rapporto", e anche questo è vero. Infatti il discorso su Napoli è da un po' che si è immesso in una specie di buco nero che divora se stesso. Basta leggere nei giornali locali le dichiarazioni, i propositi, le analisi che vengono fatte sulla città, che somigliano più a farneticazioni e a sogni deliranti che a ragionamenti comprensibili con qualche punto di riferimento certificabile. Si parla sempre di cose astratte e fantastiche, come rinascite artistiche, musicali, culturali, spettacolari e canore, e mai di cose pratiche o praticabili. Quanto al discorso fatto dalle immagini, quelle diffuse dal cinema o dalla televisione, credo che, staccate ormai dalla città, esse se ne vadano in giro per conto loro, provocando solo ingiuria e danno, al di là delle stesse intenzioni di chi le ha colte.

Non capita anche a me in questo taccuino di commettere lo stesso errore di cui accuso i napoletani, di girare cioè sempre intorno a Napoli, attratti e respinti nello stesso tempo? Non mi sono immesso anch'io in quella specie di buco nero che divora se stesso, in quel discorso che invece di approdare alla conoscenza aiuta a restare solo quel che già si è? Perché mi sono impegnato in questa serie di piccole considerazioni inattuali? A che possono servire questi frammenti, mi sono domandato.
Ho pensato che il silenzio interrompe tutti i contatti,

che dovevo parlare perché altrimenti avrebbero parlato gli altri per me, continuare a parlare anche a costo di finire nel vaniloquio, come il personaggio dell'*Innommable* di Beckett[46] che parla per non interrompere la continuità del proprio io. E, come lui: "... continuerò, bisogna dire parole fin quando ce ne sono, bisogna dirle, fino a quando esse mi trovino, fino a quando mi dicano, strana pena, strana condanna, bisogna continuare, forse ormai è fatta, forse mi hanno già detto, forse mi hanno portato fino alla soglia della mia storia, davanti alla porta che s'apre sulla mia storia, mi stupirebbe se si aprisse, sarò io, sarà il silenzio, lì dove sono, non so, non lo saprò mai, nel silenzio non si sa, bisogna continuare e io continuo...".

Infatti, *nel silenzio non si sa*, e io continuo il mio discorso su Napoli, per sapere, o solo per portarlo avanti finché un altro trovi altre parole e lo riprenda.

Questi appunti e disappunti sono come gli sparsi tasselli di un gioco d'incastri, chi legge può combinarli come meglio crede, accogliendone alcuni, rifiutandone altri, e comporre la sua figura di Napoli, l'immagine di una realtà napoletana, la cui inafferrabilità potrà in questo modo lui stesso sperimentare.

"*Only connect...*" ha scritto Shakespeare. Ciò che conta è trovare la connessione tra cose che appaiono disparate e più spesso contraddittorie.

Nota

La maggior parte di questi appunti viene da articoli pubblicati su giornali e riviste come: "Il Mattino" (v. "Taccuino napoletano" 1992-1993), "Corriere della Sera", "L'Illustrazione Italiana", "Merian", "Meridiani", "Nuovi Argomenti". Scelti e ordinati in un contesto dissimile, quasi sempre riscritti con un taglio diverso, sono il materiale di cui mi sono servito per comporre questo libro.

Bibliografia

[1] Walter Benjamin e Asja Lacis, *Immagini di città* (Guida 1979); v. anche Raimondino e Muller, *Dadapolis* (Einaudi 1989)
[2] Ernst Bloch, *Italien und porosität*, "Werkausgabe" (Suhrkamp, Francoforte 1965)
[3] *La città porosa*, a cura di Claudio Velardi (Cronopio, Napoli 1992)
[4] Pedrag Mtvejevic, *Breviario mediterraneo* (Garzanti 1990)
[5] Guido Ceronetti, *Un viaggio in Italia* (Einaudi 1983)
[6] Ruggiero Romano in un'intervista su "Repubblica"
[7] Pietro Boitani, *L'ombra di Ulisse* (Il Mulino 1992)
[8] Beniamino Placido, su "Repubblica"
[9] David Herbert Lawrence, *Mare e Sardegna* (i Quaderni della Medusa, Mondadori, n. 11)
[10] Lo storico Luigi Compagna, sul "Mattino" di Napoli
[11] *La città porosa* (cit.) "Intervista a Francesco Venezia"
[12] Edmondo De Amicis, *Cuore*, "Dagli Appennini alle Ande"
[13] Raffaele Viviani, *Scalo marittimo* (Guida 1987)

[14] Fernand Braudel, *La lunga durata* in "Annales" n. 4 (1958)

[15] *La Napoletanità* interviste a cura di Antonio Ghirelli (Società Editrice Napoletana SEN 1976)

[16] Raffaele Romanelli, "La Rivista dei Libri" giugno 1991

[17] Manlio Sgalambro, *Del metodo ipocondriaco* (Il Girasole, Catania 1993)

[18] Pier Paolo Pasolini, *Lettere Luterane* (Einaudi 1976)

[19] Stefano De Matteis, *Lo specchio della vita* (Il Mulino 1992)

[20] Samuel Beckett, *Molloy* (Einaudi 1980)

[21] Guido Ceronetti, *Albergo Italia* (Einaudi 1985)

[22] Jean-Paul Sartre, *Voyage en Italie* (Gallimard 1992)

[23] Guido Piovene, *Viaggio in Italia* (Baldini e Castoldi 1993)

[24] Pier Paolo Pasolini, *Lettere Luterane* (cit.)

[25] Gustavo Herling, *Diario scritto di notte* (Feltrinelli 1992)

[26] Henry James, *Italian Hours* (New York 1909)

[27] Giorgio Bocca, *La disunità d'Italia* (Garzanti 1990)

[28] "Adda passà 'a nuttata": battuta del finale di *Napoli milionaria* di Eduardo De Filippo diventata proverbiale

[29] *L'armonia perduta* (Oscar Mondadori 1990)

[30] Giorgio Bocca, *L'inferno* (Mondadori 1992)

[31] Giorgio Bocca in un articolo su "Venerdì" di "Repubblica"

[32] Saverio Vertone, sul "Corriere della Sera"

[33] George Gissing, *Sulle rive dello Ionio* (EDT, Ed. di Torino 1993)

[34] John Horne Burns, *La galleria* (Baldini e Castoldi 1993)

[35] Norman Lewis, *Napoli 44* (Adelphi 1993)

[36] Intervista a Massimo Cacciari, v. *La città porosa* (cit.)

[37] Robert Putnam, *La tradizione civica nelle regioni italiane* (Mondadori 1993)

[38] Aldo Schiavone su "Repubblica"

[39] Ronald Laing, *L'io diviso* (Einaudi 1969)

[40] Peppe Lanzetta, *Figli di un Bronx minore* (Feltrinelli 1993); *Messico napoletano* (Feltrinelli 1994); Salvatore Piscitelli, *Baby Gang* (Crescenzi Allendorf, Roma 1992)

[41] Domenico Rea, *Ninfa plebea* (Leonardo 1993)

[42] Domenico Rea, *Pensieri della notte* (Rusconi 1987)

[43] Anna Maria Ortese, *Il cardillo addolorato* (Adelphi 1993)

[44] Anna Maria Ortese, *In sonno e in veglia* (Adelphi 1987)

[45] Italo Calvino, *Le città invisibili* (Einaudi 1977)

[46] Samuel Beckett, *L'innominabile* (Sugarco 1968)

«L'occhio di Napoli»
di Raffaele La Capria
Collezione Scrittori italiani

Finito di stampare nel mese di maggio dell'anno 1994
presso la Arnoldo Mondadori Editore S.p.A.
Stabilimento N.S.M. di Cles (TN)

Stampato in Italia - Printed in Italy